# 60

纪念毛泽东"向雷锋同志学习"题词发表60周年

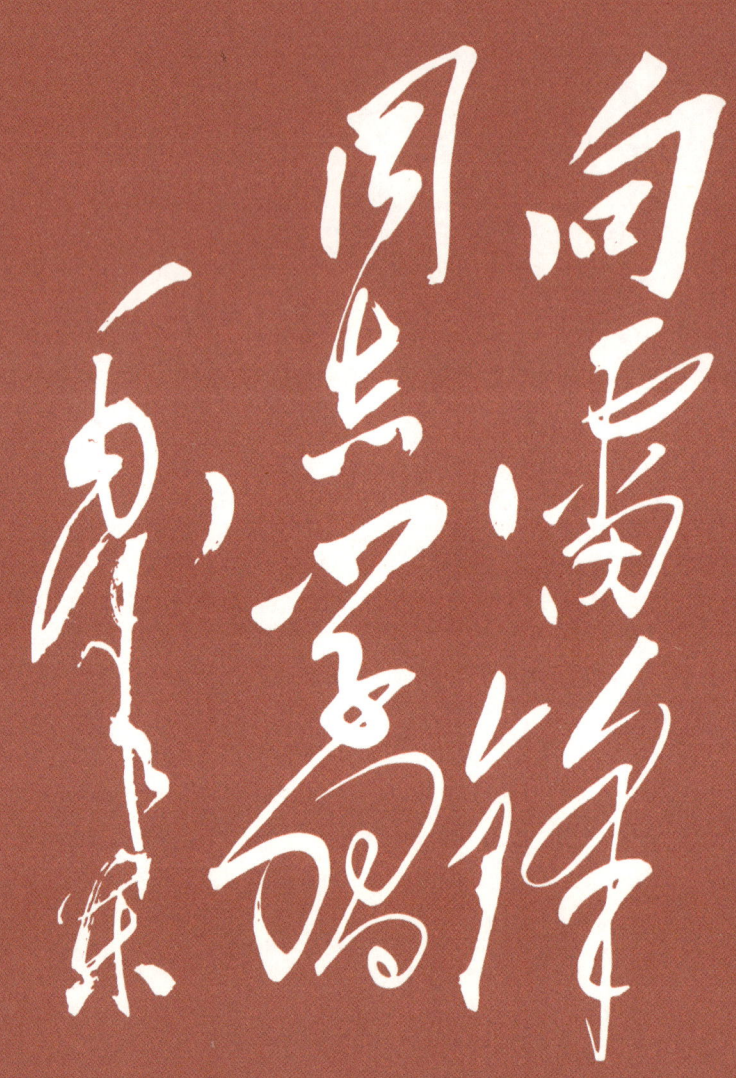

# 青少年学雷锋

**LEIFENG**
QINGSHAONIAN XUE LEIFENG

张振江 ★ 编著

山东城市出版传媒集团·济南出版社

# 前言
## QIANYAN

## 当好雷锋精神的种子

"雷锋精神是永恒的,是社会主义核心价值观的生动体现。""你们要做雷锋精神的种子,把雷锋精神广播在祖国大地上。"这是领袖的号召。

学雷锋,做好事;学雷锋,讲文明,树新风。这是时代的呼唤。

1963年3月5日，毛泽东主席亲笔题词，发出"向雷锋同志学习"的伟大号召，神州大地学雷锋活动持续兴起，助人为乐成为时代风尚，思想道德建设新风扑面。60年的光阴流转，雷锋那种信念的力量、大爱的胸怀、忘我的精神、进取的锐气、全心全意为人民服务的高尚追求，不但没有过时，而且愈显珍贵。雷锋热爱党、热爱祖国、热爱社会主义，随时准备为祖国和人民牺牲自己一切的崇高精神，汇入中国共产党人精神谱系，正在新时代赓续传承。雷锋"干一行爱一行、专一行精一行""做一颗永不生锈的螺丝钉"的思想境界，正在化为中华儿女踔厉奋发、勇毅前行的强大力量。

我们为谁活着？怎样做人？人的一生应该怎样度过？在纷繁复杂的社会环境中如何实现理想抱负？这些重要而又紧迫的人生课题，需要每个人去面对、去回答。

适逢学雷锋活动60周年之际，我们组织力量编撰这本通俗读物，就是想让广大读者特别是青少年更好地学雷锋、知雷锋、做雷锋，当好雷锋精神的种子，让雷锋精神在全社会蔚然成风，世世代代弘扬下去。

**LEIFENG**

# 目录

第一章　知雷锋生平 ------------1
第二章　学雷锋日记 ------------9
第三章　读雷锋故事 ------------35
故事一：苦难童年 ---------------37
故事二：阳光少年 ---------------38
故事三：机关模范工作者--------40
故事四：县城第一位拖拉机手----42
故事五：闪光的螺丝钉 ----------43
故事六：当上解放军 ------------45
故事七：优秀的"小个子"------47
故事八：勤奋的汽车兵 ---------48
故事九：乐于助人成习惯--------50
故事十：好事做了一火车--------52
故事十一：雷锋叔叔 ------------53
故事十二：雷锋身边的"雷锋"--55
故事十三：英雄永恒 ------------61
第四章　悟雷锋精神 ------------67
第五章　做雷锋传人 ------------79

人民军队雷锋多 ---------------- 81

当好雷锋精神的种子 ----------- 96

青少年如何学雷锋 ------------- 103

雷锋精神进校园 --------------- 106

百年初心与永恒榜样 ----------- 119

第六章　唱雷锋之歌 ----------- 133

学习雷锋好榜样 --------------- 135

唱支山歌给党听 --------------- 136

接过雷锋的枪 ----------------- 137

雷锋之歌（节选） ------------- 138

永恒的人生 ------------------- 140

祖国需要你 ------------------- 142

续写新时代雷锋故事 ----------- 143

附录　雷锋年谱 --------------- 146

后记 ------------------------- 153

青少年学雷锋
QINGSHAONIAN XUE LEIFENG

## 第一章 知雷锋生平

# LEIFENG

　　雷锋，是一位从人民大众和普通士兵中成长起来的伟大的共产主义战士，是全心全意为人民服务的典范，是实践社会主义、共产主义的思想道德楷模。他的名字享誉中华、传遍神州，他的事迹家喻户晓、世代传颂，他的精神历久弥新，被纳入中国共产党人精神谱系。雷锋以短暂的生命铸就了辉煌的人生，以平凡的事迹彰显了崇高的精神，以高尚的品格树起了道德的丰碑。党中央历来对学雷锋活动、弘扬雷锋精神高度重视。1963年3月，毛泽东主席亲笔题词，发出"向雷锋同志学习"的伟大号召。许多老一辈无产阶级革命家、党和国家领导人也相继为雷锋同志题词。习近平总书记参观抚顺雷锋纪念馆时强调："学习雷锋精神，就是要把崇高的理想信念和道德品质融入日常的工作生活。"60年来，学雷锋活动在全国各地蓬勃兴起、长盛不衰，亿万人民群众热烈响应、广泛参与，雷锋精神不断得到弘扬和光大。雷锋这个响亮的名字和以他的名字命名的雷锋精神，深深镌刻在一代又一代中国人的心中，哺育和激励了一代又一代中华儿女成长，是一面永不褪色、永放光芒的旗帜。

雷锋，原名雷正兴，1940年12月出生在湖南省望城县简家塘一个贫苦农民家庭。他7岁沦为孤儿，生活艰辛，饱尝了旧社会的苦难。

新中国成立后，雷锋在党和政府的关怀下幸福成长。10岁那年，雷锋在土地改革中分到了土地、稻谷和钱财。乡长彭德茂亲自送他到小学就读。在批斗恶霸地主的大会上，他冲上台去，指着手上的伤疤进行控诉。他参加宣传队，打着

知雷锋生平

竹板教群众唱《百子歌》:"地主出门坐轿子,带着狗腿子,手拿算盘子,逼着农民交租子;毛主席救了穷伢子,打倒地主和狗腿子,挖掉穷根子,跟着共产党一辈子,永远过幸福的日子……"

这些生动的记载,展示出小雷锋翻身解放后的快乐!雷锋的眼睛中闪烁着笑意,他看到了幸福生活在向他招手。

11岁,他在当地小学举办的支援抗美援朝捐献活动中,把堂叔给的压岁钱捐献出来。

14岁,他成为学校成立中国少年先锋队组织后的第一批队员,佩戴红领巾的他留下了在新中国的第一张照片。

15岁,他作为学生代表为抗美援朝胜利归来的战士献鲜花、献红领巾,并表示希望参加解放军,做一个坚强的战士。

16岁,他以优异成绩从荷叶坝完全小学毕业,在这年7月的毕业典礼上,雷锋登台讲了一番话,表示如果祖国需要,就去参军做个好战士,拿起枪用生命和鲜血争做英雄。

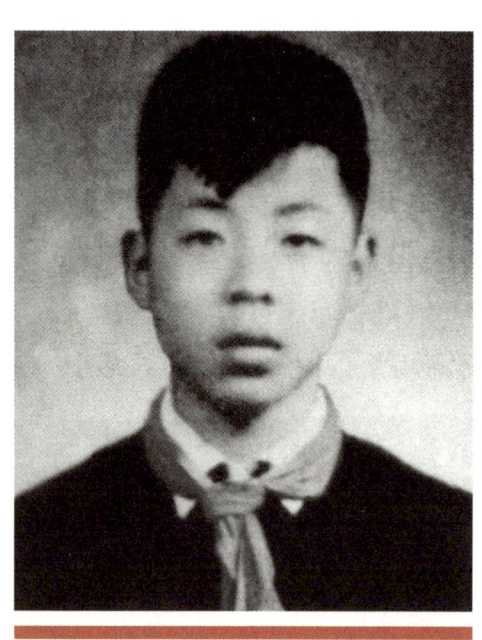

这是一个16岁少年的青春梦、英雄梦,短短的发言表达了要当英雄的壮志,他是那么的自信坚定。雷锋日记中记载的方志敏、赵一曼、

黄继光、董存瑞等英雄人物的名字多达20多个，这些人都是他崇敬的榜样。

17岁，雷锋加入了共青团，被县团委评为"青年社会主义建设积极分子"。

18岁，学会开拖拉机的雷锋激情豪迈，创作散文《我学会开拖拉机了》，创作诗歌《南来的燕子啊》，抒发建设祖国的激情……

18岁这年，雷锋响应国家号召，北上来到了鞍钢化工总厂。"由于党的教育，我懂得了这个道理：一朵鲜花打扮不出美丽的春天，一个人先进总是单枪匹马，众人先进才能移山填海。"雷锋到工厂不久便写出这样的自勉警句，至今读来仍充满青春力量。这一年，雷锋获得"先进生产者"称号，当地媒体报道了雷锋和工友们抢运水泥的事迹。

20岁，立志要参军的雷锋在老红军余新元等人的支持下终于梦想成真。虽然体质单薄，但坚定的信念、坚强的意志使他如愿以偿。

雷锋是一位精神上的强者，来到军营的他，训练获得优

秀成绩,开车成为红旗车驾驶员,抢险救灾顽强奋战,在新战士中第一个荣立三等功;他刻苦学习毛泽东主席的著作,爱憎分明,言行一致,做螺丝钉,乐于助人,"出差一千里,好事做了一火车";他"位卑未敢忘忧国",在三年困难时期省吃俭用,给灾区寄钱,为人民公社捐款,帮助家庭困难的战友,被团党委树立为艰苦奋斗的"节约标兵"。读着雷锋日记,学着雷锋故事,走进雷锋的内心世界,就会理解他的崇高追求和高尚情操。

雷锋在宝贵的青春年华,留下了一串闪光的足迹。1960年,雷锋光荣加入了中国共产党,实现了自己崇高的理想。当年11月26日,雷锋事迹刊登在沈阳军区《前进报》一版头条。沈阳军区工程兵领导机关授予雷锋"模范共青团员"称号,并号召全军区官兵向他学习。

1961年7月，21岁的雷锋被选为抚顺市人大代表。雷锋在部队服役两年零八个月，荣立二等功一次，三等功两次。

1962年8月15日，年仅22岁的雷锋不幸因公殉职。

1963年3月5日，毛泽东主席"向雷锋同志学习"的题词公开发表，全国掀起学雷锋活动热潮。

2019年9月25日，雷锋被评为"最美奋斗者"。

2021年9月29日，党中央批准了中央宣传部梳理的第一批纳入中国共产党人精神谱系的伟大精神，雷锋精神被纳入其中。

雷锋在这个世界上只生活了22年，他却永远活在中国人民心中。他的名字写进了《中国共产党简史》，写进了《中华人民共和国简史》，以他名字命名的雷锋精神进入了中国共产党人精神谱系。雷锋是离老百姓最近、受拥戴度最高的时代楷模。

雷锋从人民军队的普通士兵，成为中华民族的思想道德楷模，这是他一生为人民服务，甘当一颗"永不生锈的螺丝钉"的必然结果。雷锋精神代表了人们对美好生活的向往，必将世世代代传承下去。

知雷锋生平

青少年学雷锋
QINGSHAONIAN XUE LEIFENG

# 第二章 学雷锋日记

# LEIFENG

　　青春的岁月，火红的激情，是人生中最宝贵的财富，每一个人都对青春岁月无比珍视。然而，你是否思考过，我们该如何珍惜自己宝贵的青春时光？怎样度过这段岁月才不会留下遗憾？你想做一个怎么样的年轻人？这一个又一个人生课题，我们在雷锋日记里都能找到答案。"青春啊，永远是美好的！可是真正的青春，只属于这些永远力争上游的人，永远忘我劳动的人，永远谦虚的人""对待同志要像春天般的温暖，对待工作要像夏天一样的火热，对待个人主义要像秋风扫落叶一样，对待敌人要像严冬一样残酷无情""人的生命是有限的，可是为人民服务是无限的，我要把有限的生命投入到无限的为人民服务之中去"。从这些雷锋日记中，我们会强烈感受到他爱党爱国爱人民的炽热情怀，勤奋学习、锐意进取、乐于奉献、阳光向上的人生态度。雷锋日记，主题鲜明，思路清晰，文笔流畅，感情饱满，影响着一代又一代人写日记的方式，成为很多青少年学习的范本。雷锋日记的字里行间，充满赤诚坚定的信念、科学辩证的思考、无私奉献的情怀、催人奋进的力量。

## 1958 年 6 月 7 日

　　如果你是一滴水,你是否滋润了一寸土地?如果你是一线阳光,你是否照亮了一分黑暗?如果你是一颗粮食,你是否哺育了有用的生命?如果你是一颗最小的螺丝钉,你是否永远坚守在你生活的岗位上?如果你要告诉我们什么思想,你是否在日夜宣扬那最美丽的理想?你既然活着,你又是否为未来的人类的生活付出你的劳动,使世界一天天变得更美

学雷锋日记

丽？我想问你，为未来带来了什么？在生活的仓库里，我们不应该只是个无穷尽的支付者。

## 1959年8月26日

自从由鞍山转到弓长岭以来，自己就抱定决心：一定要很好地工作、学习，争取加入中国共产党，对各种学习任务都能认真完成；自学较好，每天早晨学习一小时，晚上总是要自学到深夜10至11点钟。早晨坚持做早操，没有违反过纪律，都能按规定去做。今后，我应当继续加强组织纪律性，同违法乱纪做斗争，严守纪律，听从指挥，做好机器检查和保养，保证安全，消灭事故。努力学习政治，开展思想斗争和批评与自我批评，加强团结，虚心学习。

## 1959年8月30日

党和领导叫怎么做，就不折不扣地按党的指示去做。这样，就是有再大的困难，也有办法克服；再艰巨的任务，也能完成。相反，如果脱离了领导，不听党的话，光凭个人的心愿去做事情，是很难做好的，甚至要犯错误。有些同志思想进步慢，工作成绩差，是什么原因？我认为原因只有一个，就是自以为正确，不听党的话，不听群众的话，明明自己的看法不对，也不改正；明明领导和同志们的意见是正确的，也不诚恳地接受。这样，就会落后。

党的声音就是人民的声音。听党的话，就会开放出事业的花朵！

### 1959年10月×日

1958年入厂的时候，我只是一个抱着感恩的思想埋头苦干的工人，在生产上只能做到完成自己的任务和达到每天的定额。后来，在党的教育下，才使我的思想和眼界变得更加开阔和远大，才使我的干劲越来越高涨。

由于党的教育，我懂得了这个道理：一朵鲜花打扮不出美丽的春天，一个人先进总是单枪匹马，众人先进才能移山填海。

### 1959年10月25日

青春啊，永远是美好的！可是真正的青春，只属于这些永远力争上游的人，永远忘我劳动的人，永远谦虚的人。

### 1959年11月×日

我们在建设焦化厂当中，住不好、吃不好和工作环境不好等，这些困难都是暂时的、局部的，可以克服的。只要我们有叫高山低头、河水让路的气概，就没有战胜不了的困难。

### 1960年1月18日

雷锋同志：

愿你做暴风雨中的松柏，不愿你做温室中的弱苗。

学雷锋日记

## 1960年2月8日

我出生在一个很贫穷的农民家庭，在旧社会里受尽了折磨和痛苦。参军以后，我在党的培养教育下，深深懂得了社会主义的今天是由无数革命先烈和战友的艰苦奋斗、英勇牺牲得来的。从我参加革命那天起，就时刻准备着为了党和阶级的最高利益牺牲个人的一切，直至最宝贵的生命。

## 1960年3月×日

我要永远地记住：

"一滴水只有放进大海里才能永远不干，一个人只有当他把自己和集体的事业融合在一起的时候才能最有力量。"

"力量从团结来，智慧从劳动来。行动从思想来，荣誉从集体来。"

## 1960年6月5日

要记住：

"在工作上，要向积极性最高的同志看齐；在生活上，要向水平最低的同志看齐。"

## 1960年6月×日

要善于看到别人的长处，并要学习这些长处，即便对在许多方面都不如自己的人，也要向他学习。因为寸有所长、尺有所短，多向别人的长处看齐，对自己、对工作都会有帮助。

## 1960年6月×日

单丝不成线,独木不成林。一个人是办不了大事的。群众的事一定要发动群众、依靠群众自己来办。

"一个篱笆要三个桩,一个好汉要三个帮。"因此我们一定要深入群众,依靠群众,虚心向群众学习,永远做群众的小学生。只有这样,才能做好工作,才能不断进步。

我深切地感到,当你和群众交上了知心朋友,受到群众的拥护,这样会给你带来无穷的力量,再大的困难也能克服,无论在什么艰苦的环境中,都会使你感到温暖和幸福。

学雷锋日记

## 1960年8月20日

望花区成立了一个人民公社,我把平时节约下来的一百元钱,支援了他们;辽阳市遭受了洪水的灾害,我把省吃俭用积存的一百元钱寄给了辽阳灾区人民。有些人说我是"傻子",是不对的。我要做一个有利于人民、有利于国家的人。如果说这是"傻子",那我是甘心愿意做这样的"傻子"的。革命需要这样的"傻子",建设也需要这样的"傻子"。我就是长着一个心眼,我一心向着党,向着社会主义,向着共产主义。

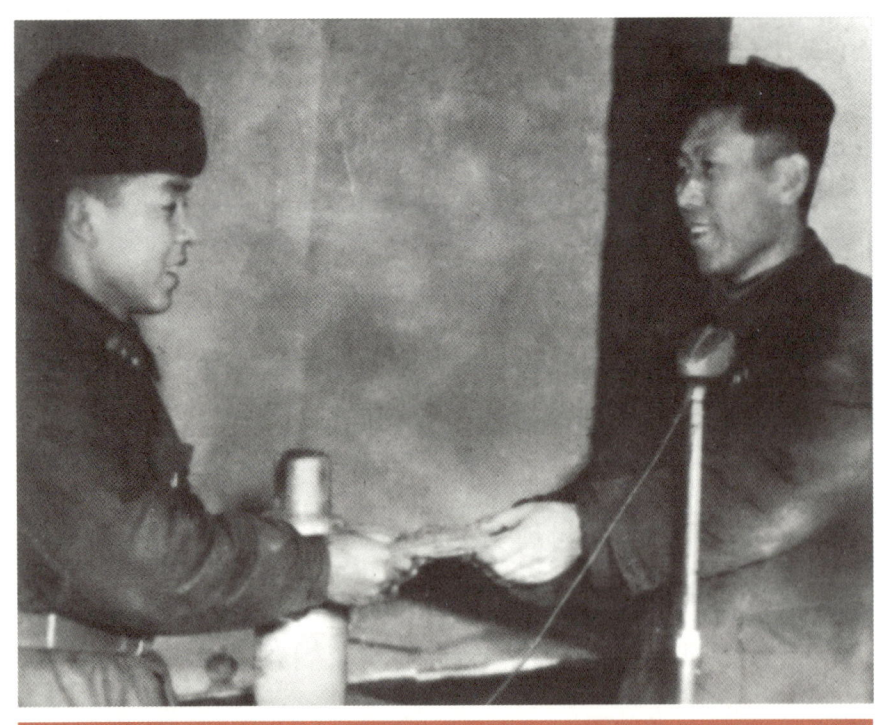

## 1960年10月21日

我要牢牢记住这段名言：

"对待同志要像春天般的温暖，

对待工作要像夏天般的火热，

对待个人主义要像秋风扫落叶一样，

对待敌人要像严冬一样残酷无情。"

## 1960年11月8日

1960年11月8日，是我永远不能忘记的日子。今天，我光荣地加入了伟大的中国共产党，实现了自己最崇高的理想。

我激动的心啊！一时一刻都没有平静。伟大的党啊！英明的毛主席，有了您，才有了我的新生命。我在九死一生的火坑中挣扎和盼望光明的时刻，您把我拯救出来，给我吃的、穿的，还送我上学念书，我念完了高小，戴上了红领巾，加入了光荣的共青团，参加了祖国的工业建设，又走上了保卫祖国的战斗岗位。在您的不断培养和教育下，使我从一个孤苦伶仃的穷孩子，成长为一个有一定知识和觉悟的共产党员。

伟大的党啊，您是我慈祥的母亲，我所有的一切都是属于您的，我要永远听您的话，在您的身下尽忠效力，永做您忠实的儿子。

今天我入党了，这使我变得更加坚强，思想和眼界变得更加开阔和远大。我是一个共产党员，人民的勤务员，为了全人类的自由、解放、幸福，哪怕高山、大海、巨川；为了

学雷锋日记

党和人民的事业，就是入火海进刀山，我甘心情愿，头断骨粉，身红心赤，永远不变。

## 1960年12月×日

今年1月，我响应了祖国的征召，走进中国人民解放军这个革命的大家庭里。这使我受到了从来没有享受过的温暖。首长一天到晚问寒问暖，在业余时间给我们讲战斗故事，鼓励我们好好学习，提高保卫祖国的本领。党和首长对我无微不至的关怀和教导，我真万分地感激，恨不得立刻把我的心掏出来献给伟大的党……

## 1961年1月18日

在我们前进的道路上，不可能不遇到一些暂时的困难，这些困难的实质，"纸老虎"而已。

问题是我们"见虎而逃"呢，还是"遇虎而打"？

"哪儿有困难就到哪儿去"——不但"遇虎而打"，而且进一步"找虎而打"，这是崇高的共产主义风格。

## 1961年3月4日

今天连长发给我一支新枪，我真像得到了宝贝一样，乐得连话都说不出来，看看那锋利而发亮的刺刀，摸摸那光滑的枪柄，数着崭新的子弹，简直高兴得不知如何是好，生怕把枪弄脏了。看到枪机上落了一点点灰尘，我立即从衣兜里掏出自己心爱的手绢，把灰尘擦得一干二净。

人民给我这支枪，我一定要好好保管和爱护，向党和人民保证，决心勤学苦练，定要练出真正的硬本领，坚决保卫我们的社会主义建设，保卫我们的伟大祖国，随时准备给侵略者致命的打击。

## 1961年3月16日

世界上最光荣的事——劳动。
世界上最体面的人——劳动者。

## 1961年3月×日

什么是时代的美？战士那褪了色的、补了补丁的黄军装是最美的，工人那一身油渍斑斑的蓝工装是最美的，农民那一双粗壮的、满是厚茧的手是最美的。劳动人民那被烈日晒得黝黑的脸是最美的，粗犷雄壮的劳动号子是最美的声音，为社会主义建设孜孜不倦的工人的灵魂是最美的。这一切构成了我们时代的美。如果谁认为这并不美，那他就不懂得我们的时代。

## 1961年4月16日

热情，像熊熊的火焰，是一切的原动力！
有了伟大的热情，才有伟大的行动！

## 1961年4月×日

毛主席著作对我来说好比粮食和武器,好比汽车上的方向盘。人不吃饭不行,打仗没有武器不行,开车没有方向盘不行,干革命不学习毛主席著作不行!

## 1961年4月×日

挤时间读书:早起点,晚睡点,饭前饭后挤一点,行军走路想着点,外出开会抓紧点,星期假日多学点。

如果不积累许多个半步,就不能走完千里。

## 1961年4月28日

现在,我们国家处于困难的时期,我们是国家的主人,应该处处为国家着想,事事要精打细算,不能今朝有酒今朝醉,明日愁来明日忧。我们要奋发图强,自力更生,克服当前存在的暂时困难,坚决反对大吃大喝,力戒浪费。

## 1961年5月20日

目前我们的军事训练很紧张,干部和战士的工作、学习简直忙得不可开交,晚饭后的一个小时休息时间,大家都主动到地里搞生产,有些战友连上街理个发的时间也抽不出来。根据这种情况,首长给我们买了三套理发的工具,要我们自己互相理发,可是又没有人懂得理发的技术,都是外行。咋办呢?学习了毛主席的著作后,我心里开了窍,毛主席说:"你要有知识，你就得参加变革现实的实践。"还说："要使不懂得变成懂得，就要去做去看，这就是学习。"毛主席的话，给了我很大的启发。我利用业余时间，跑到附近的理发店，请教理发师，在理发师的耐心指导和帮助下，学会了基本的操作方法。

我第一次给战友刘正武理发时，总是感到手不顺心，推剪夹头发，一个头还没有理到一半，他说剪刀夹得头皮疼，不剪了。开头一次学理发失败了。

但我并没有灰心，午休不睡觉，跑到理发店继续学习，在理发师的热情帮助下，一次、两次、三次，终于学会了理发。现在战友们都愿意要我理发了，到了星期六或星期日，我就忙不开。以前不要我理发的刘正武战友，也主动地要我给他理发了。

## 1961年6月29日

"你们有许多的长处，有很大的功劳，但是你们切记不可以骄傲。你们被大家尊敬，是应当的，但是也容易引起骄傲。如果你们骄傲起来，不虚心，不再努力，不尊重人家，不尊重干部，不尊重群众，你们就会当不成英雄和模范了。过去已有一些这样的人，希望你们不要学他们。"

毛主席的这一段话，对我有很大的启发和教育。十多年来，我在党的不断培养和教育下，提高了政治思想觉悟、树立了为共产主义事业奋斗到底的雄心大志，因此在各项工作和学习中取得了一点点成绩，党和人民给予了我很大的荣誉。自

从去年各报刊和广播电台介绍了我的情况以后，收到了全国各地许多青年的来信。今天党对我这样信任，同志们对我这样尊重，我一定要更加虚心，尊重大家，努力学习，忘我工作，时刻牢记毛主席的教导，永远做一个人民的小学生。

### 1961年9月20日

我在哨所周围来回流动，脑子里一个转又一个转地想着，汽车、油库、国家的许多财产、全连的安全，都掌握在卫兵手里，如果麻痹大意，不提高警惕，万一敌人破坏，那将给国家和人民造成多大的损失。我感到自己责任的重大。红军长征的时候，天天打仗，经常几天几夜得不到休息，还是那样坚强勇敢、英勇奋战。我呢？人民的子弟兵，祖国的保卫者，这个光荣的称号使我感到高兴，我宁愿站到天亮也乐意。

### 1961年10月3日

人生总有一死，有的轻如鸿毛，有的却重如泰山。我觉得，一个革命者活着就应该把毕生精力和整个生命为人类解放事业——共产主义全部献出。我活着，只有一个目的，就是做一个对人民有用的人。

当祖国和人民处在最危急的关头，我就挺身而出，不怕牺牲，生为人民生，死为人民死。

### 1961年10月12日

我要牢记这样的话：永远愉快地多给别人，少从别人那里拿取。这种共产主义精神，我要在一切实际行动中贯彻。

## 1961年10月16日

高楼大厦都是一砖一石砌起来的，我们何不做这一砖一石呢？我之所以天天都要做这些零碎事，就是为此。

## 1961年10月17日

我看到厕所的粪池满了，立即动手把大粪掏出来，虽然牺牲了自己一上午的休息时间，但是厕所里弄得很干净了。人家开玩笑地说我是一个大粪夫，我觉得当一个大粪夫是非常光荣的。1959年参加北京群英会的时传祥同志，不就是一个掏大粪的工人吗？我要是能够当一个这样的大粪夫，那该多荣幸啊！

## 1961年10月19日

有些人说工作忙，没有时间学习。我认为问题不在工作忙而在于你愿意不愿意学习，会不会挤时间。

要学习的时间是有的，问题是我们善不善于挤，善不善于钻。

一块好好的木板，上面一个眼也没有，但钉子为什么能钉进去？这就是靠压力硬挤进去的，硬钻进去的。

由此看来，钉子有两个长处：一个是挤劲，一个是钻劲。我们在学习上，也要提倡这种"钉子"精神，善于挤和善于钻。

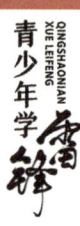

### 1961年10月20日

人的生命是有限的,可是,为人民服务是无限的,我要把有限的生命,投入到无限的为人民服务之中去……

## 1961年11月26日

我学习了《毛泽东选集》一、二、三、四卷以后,感受最深的是,懂得了怎样做人,为谁活着……

我觉得自己活着,就是为了使别人过得更美好。

我要以黄继光、董存瑞、方志敏等同志为榜样,做一个热爱祖国、热爱人民、永远忠于党、忠于人民革命事业的人。

## 1961年12月30日

我班乔安山同志的母亲病了,今天来信叫他请假回家看望,首长批准了他三天假,可是他着急回家缺钱,想买点东西给母亲吃,钱又不够。正当他为难的时候,我一考虑心里过意不去,我想:他的母亲就像我的母亲一样,他有困难,也等于是我的困难。我和他是阶级兄弟,应当互相帮助。想到这里,我立刻拿出了自己的十元津贴费,还买了一斤饼干,一齐交给他,叫他带回家给母亲。乔安山同志接到我的钱和饼干后,激动地说:"班长,我太感谢你了……"

## 1962年1月14日

在最困难、最艰苦的工作中,我想起了黄继光,浑身就有了力量,信心百倍,意志更坚强。

我每次外出执行任务或在最复杂的环境中,想起了邱少云,就能严格地要求自己,很好地遵守纪律。

每当我得到福利和享受的时候,想起了白求恩,就先人

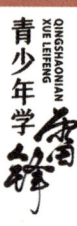

后己,把享受让给别人。

　　当个人利益与国家、党和人民的利益发生矛盾的时候,我想起了过去家破人亡、受苦受难的苦日子,就感到党的恩情永远报答不完。

## 1962年2月3日

　　今天我一口气看完了《中国青年》杂志上徐老(徐特立)写给晚辈的几封家信,越看越感到浑身是劲,越看越觉得亲切,越看越想看。特别是徐老说的:"一个共产党员应当什么都知,什么都能,什么都学,什么都干,什么人都交,什么生活都

过得下去。"这些话对我来说是有很大启发和教育的，也是我应当知道的，必须要做的。我要永远牢记徐老这些有益的话，并且要贯串于一切言论和行动之中，决心把自己锻炼成为一个名副其实的共产党员，为人类做出贡献。

## 1962年2月10日

我觉得一个革命者就应该把革命利益放在第一位，为党的事业贡献出自己的一切，这才是最幸福的。

## 1962年2月12日

一个共产党员是人民的勤务员，应该把别人的困难当成自己的困难，把同志的愉快看成是自己的幸福。

## 1962年2月27日

雷锋呀，雷锋！我警告你牢记：千万不可以骄傲。你永远不能忘记，是党把你从虎口中拯救出来，是党给了你一切……至于你能做一点事情了，那是自己应尽的义务。你每一点微小的成绩和进步都应该归功于党，要记在党的账上……

## 1962年3月4日

我愿做高山岩石之松，不做湖岸河旁之柳。我愿在暴风雨中——艰苦的斗争中锻炼自己，不愿在平平静静的日子里度过自己的一生。

## 1962年3月16日

我是党的儿子，人民的勤务员，我走到哪里，哪里就是我的家，我就在哪里工作。

## 1962年3月×日

不经风雨，长不成大树。

不受百炼，难以成钢。

迎着困难前进，这也是我们革命青年成长的必经之路。有理想有出息的青年人必定是乐于吃苦的人。

## 1962年3月×日

生活中一些大的和好的东西全是由小的、不显眼的东西累积起来的。

人若没干劲，好像没有蒸汽的火车头，不能动；像没长翅膀的鸟，不能飞。

## 1962年3月28日

我们要真正学到一点东西，就要虚心。譬如一个碗，如果已经装得满满的，哪怕再有好吃的东西，像海参、鱼翅之类也装不进去。如果碗是空的，就能装很多东西。装知识的碗，就要像神话中的"宝碗"一样，永远也装不满。

## 1962年4月4日

有人说：人生在世，吃好、穿好、玩好是幸福的。我觉得人生在世，只有勤劳，发愤图强，用自己的双手创造财富，为人类的解放事业——共产主义贡献自己的一切，这才是最幸福的。

## 1962年4月15日

《黄继光》这本书，我不止看过一遍，而且是含着激动的眼泪，一字字一句句地读了无数遍，甚至我能把这本书背下来。我每当看完一遍，就增加一分强大的力量，受到的教育也一次比一次深刻。他对我的启发和鼓舞极大，英雄黄继光之所以能为人类的解放事业做出伟大的贡献，是因为他有高度的阶级觉悟，对敌人恨之入骨，对党对人民、对革命事业无限忠诚。

我要学习黄继光这种坚定的无产阶级立场，学习他勇敢坚强的革命意志，学习他的高贵品质，学习他关心别人比关心自己更重，学习他兢兢业业为党工作的精神，学习他勤劳朴实的性格，学习他谦虚好学、渴求进步的精神，学习他为祖国人民英勇战斗的精神。

现在我是普通一兵，对党和人民没做出什么贡献，但是我有决心，永远听党和毛主席的话，紧紧跟着党和毛主席走，永远忠于党，忠于人民，兢兢业业为党工作一辈子，老老实实为人民服务，坚决完成黄继光未完成的事业，我随时准备

着献身祖国，必要时，我一定像黄继光那样，贡献自己的生命，做祖国人民的好儿子。

## 1962年4月17日

一个人的作用，对于革命事业来说，就如一架机器上的一颗螺丝钉。机器由于有许许多多的螺丝钉的连接和固定，才成了一个坚实的整体，才能够运转自如，发挥它巨大的工作能力。螺丝钉虽小，其作用是不可估量的。我愿永远做一颗螺丝钉。螺丝钉要经常保养和清洗，才不会生锈。人的思想也是这样，要经常检查，才不会出毛病。

我要不断地加强学习，提高自己的思想觉悟，坚决听党和毛主席的话，经常开展批评与自我批评，随时清除思想上的毛病，在伟大的革命事业中做一颗永不生锈的螺丝钉。

## 1962年5月2日

今天下午我在保养汽车，突然天下大雨。我正在盖车的时候，见到路上有一位妇女，左手抱着一个小孩，右手拉着一个五六岁的孩子，左肩上还背着两个行李包，走起路来真是很吃力。我急忙跑上前，问她从哪来，到哪去。她说："从哈尔滨来，到樟子沟去。"她还告诉我说："兄弟，我今天遭老罪了，带两个孩子，还背一些东西，天又下雨，现在天快黑了，我还要走十多里路才能到家。现在我都累迷糊了，我哭也哭不到家呀……"我听她这么说，心里很过不去。我想，毛主席说过："我们的同志不论到什么地方，都要把和群众

的关系搞好，要关心群众，帮助他们解决困难。"想起毛主席的教导，浑身有了力量，我跑回部队驻地，拿着自己的雨衣给那位妇女，我又抱着她的孩子，冒着风雨送她们回家。在路上我看那小孩冻得发抖，我立即脱下自己的衣裳给她穿上，走了一小时四十分钟，终于把她们送到了家，那妇女激动地对我说："兄弟呀，你帮了我，我一辈子也忘不了啊……"

　　我对她说："军民一家嘛，何必说这个呢……"我离开

学雷锋日记

她家的时候,风雨仍然没停,他们都留我住下。我想,刮风、下雨、天黑,算得了什么?一定要赶回部队,明天照常出车。我一边走一边想着:我是人民的勤务员,自己辛苦点,多帮人民做点好事,这就是我最大的快乐和幸福。

## 1962 年 5 月 8 日

今天部队发放夏天的服装,本来每人发两套军装,两双胶鞋……我想,当前国家正处在困难时期,再说,我们的国家还很穷,可是党和人民对我们却还这样无微不至地关怀,使我从内心感激党和人民的关怀。党和人民对我们这样好,我们也得为党和人民着想,应当积极响应党的号召,发愤图强,自力更生,处处做到增产节约。发扬我军艰苦朴素、勤俭节约的优良传统。

为了和人民群众同甘共苦,减轻人民的负担,共同克服目前的困难。我只领了一套单军装、一双新胶鞋,其他用品也少领了。以前用过的东西,我都修补好了,继续使用。穿破了的衣服补好了再穿。我觉得就是现在穿一套打了补丁的旧衣服,也比我过去披的破烂衣服要好千万倍啊……

## 1962 年 6 月 28 日

有些人对个人和集体的关系认识不清,因此做工作、办事情、处理问题等只顾个人,不顾整体,这样,就会给革命造成损失,对集体造成不利。我觉得正确认识个人和集体的关系是很重要的。

我认为个人和集体的关系，就像细胞和人的整个身体的关系一样，当人的身体受到损害的时候，身上的细胞就不可避免也要受到损害。同样的，我们每个人的幸福也依赖于祖国的繁荣，如果损害了祖国的利益，我们每个人就得不到幸福。

## 1962年7月1日

今天是党的生日，在这个伟大的节日里，我激动的心，像大海里的浪涛一样不能平静……

党像慈母一样哺育我长大成人。是党给了我生命，是党给了我幸福，是党给了我无产阶级的思想，是党给我指出了前进的方向，是党给我开辟了前进的道路，是党给了我前进的力量，是党给了我的一切。

今天，我当了家，做了国家的主人，得到了自由和幸福，内心是何等地感激党和毛主席啊！我时刻都想掏出自己的心，献给伟大的党。

## 1962年8月10日

今天，我认真学习了一段毛主席著作，其中有两句话对我教育最深。毛主席教导我们说："虚心使人进步，骄傲使人落后。"这是千真万确的真理。过去，我在一切言论和行动中，按主席的教导做了，因此我进步了；现在我仍要牢记主席的这一教导，坚决努力，要求自己更好地做到这一点。

今后，我要更加珍爱人民和尊重人民，永远做群众的小学生，做人民的勤务员。

学雷锋日记

青少年学雷锋
QINGSHAONIAN XUE LEIFENG

# 第三章 读雷锋故事

# LEIFENG

"闪光的螺丝钉""勤奋的汽车兵""好事做了一火车"……这些耳熟能详、广泛流传的雷锋故事,构成了他从平凡走向伟大的坚实根基。雷锋七岁成了孤儿,是新中国让他翻身当主人,是共产党让他开启人生新征程。当我们打开本书,从雷锋饱含真情的日记里记录的发生在雷锋身上的一系列故事中,就会充分感受到雷锋那种顾全大局、报效国家、助人为乐、担当奉献的高尚追求。雷锋有受苦受难的童年,也有阳光向上的少年,更有解放后翻身当主人的喜悦与自豪。雷锋在苦难中积蓄人格力量、在自强中追寻人生价值、在奉献中彰显人性光芒,用一生去修炼自己、服务社会、温暖他人。有梦想就会有奇迹,有追求谁都了不起。我们读雷锋故事,就应当像他那样珍惜大好年华,做到有理想、敢担当、能吃苦、肯奋斗,书写出无愧于伟大时代的人生答卷。

## 故事一：苦难童年

雷锋，原名雷正兴，1940年12月18日出生于湖南省望城县安庆乡简家塘村一个贫苦农民家庭。长辈们盼望这个新生命能给雷家带来平顺兴旺，给他取名"雷正兴"。

雷锋的祖父雷新庭和父亲雷明亮，一直给地主种田，长年累月的劳作，仍不能维持一家人的温饱。随后的几年时间里，祖父雷新庭、父亲雷明亮、哥哥雷振德、弟弟雷三民、母亲张元满因为贫困交加先后离世。7岁时雷锋成了孤儿，本家的六叔奶奶收养了他。六叔奶奶家同样贫寒，懂事的雷锋独自到外边流浪乞讨。雷锋在挨饿受冻的同时，还要忍受冷漠

读雷锋故事

和白眼。

1948年8月,雷锋家乡解放,安庆乡人民政府成立。1950年春,安庆乡实行土地改革,雷锋也同其他人一样,分到了两亩四分耕地和生活用品、家具、房屋等。雷锋积极参加乡里的土改,当上了儿童团长。

1950年夏天,10岁的雷锋被乡长彭德茂亲自送进学校免费读书。此后,雷锋先后在龙回塘、上车庙、向家冲、清水塘、荷叶坝小学就读。雷锋就读过的荷叶坝小学现在已经更名为"雷锋学校"。

政府的关爱和崭新的学习生活,让雷锋如鱼得水。他开朗活泼,学校里组织的跳舞、学普通话、演讲比赛、打球等,都少不了他的参与。雷锋动手制作能力很强,像画画和刻木章都能干。当雷锋得知学校要组织制作矿石收音机的时候,就缠着老师要求参加。没有图纸和零件,雷锋就同小伙伴们一起步行几十里路赶到长沙,向有经验的师傅们学习求援。

经过雷锋和同学们的不懈努力,他们组装的收音机终于发出了声音,并作为礼物向党的生日献礼。当电波中传来北京的声音时,学校都沸腾了。

## 故事二:阳光少年

1954年8月,清水塘学校建立少先队,各方面表现都很突出的雷锋成为学校的第一批少先队员。从那以后,雷锋穿着乡政府发的白衬衫,每天戴着红领巾去上学,晚上总是把红领巾叠得整整齐齐放进书包。雷锋家住简家塘,离学校有五公里。为了保证上学不迟到,他每天起早贪黑上学,来回步行要走十多公里。放学回家后,做饭、洗衣等家务活都是自己动手干。

在新社会的阳光下,雷锋感受着当家做主人的温暖。年少的雷锋身上,没有冷漠和叛逆。天性善良的雷锋对新社会、对拯救自己的共产党心怀感恩。这种朴素的感恩,直接体现在他一次次向需要帮助的人伸出无私友爱的援手。

1955年,雷锋转到荷叶坝小学读书,当时这所学校还没有建立少先队组织。雷锋意识到自己是这里唯一的少先队员,就更加严格要求自己,处处以身作则。学校开始建队时,他主动协助辅导员组织课外读书小组,参加义务劳动,开展文体活动,成为那里的骨干。

雷锋乐于助人在学校是出了名的。一个大雨天,河水漫过了桥面,一群小同学不敢过桥去上学,雷锋就把最小的同学背过了桥。

1955年下半年,安庆乡组织夜校,搞文化扫盲活动,雷锋主动到乡里请求教语文课。为了教会那些不识字的老乡,雷锋想出了一些招数,比如把农村的俗语编成顺口溜,效果非常明显。年底雷锋所在的农村夜校在县里评比检查中名列第一,他个人被评为望城县的"模范群教"。

1956年夏天,16岁的雷锋小学毕业了。许多同学选择升入中学,他却在毕业典礼上毫不犹豫地表示,要参加农业生产,建设新农村。

读雷锋故事

夏柳老师在笔记本里记录下雷锋7月15日在毕业典礼上的讲话：

"亲爱的同学们，我们小学毕业了，基本教育受完了，大家很高兴，感谢党、毛主席和老师。我们今天毕业真高兴，大家比我更高兴，很多同学准备升入中学学习，能升入高一级学校学更多的知识，更好地建设祖国。我呢，响应党的号召，决定留在农村广阔天地里，去当新式农民……决心做个好农民，驾驶拖拉机耕耘祖国大地，将来，如果祖国需要，我就去做个好工人建设祖国；将来，如果祖国需要，我就去参军做个好战士，拿起枪用生命和鲜血保卫祖国，做人类英雄。同学们，让我们在不同岗位上竞赛吧！老师们，请你们看我的行动吧，我一定要做个英雄。"

## 故事三：机关模范工作者

1956年夏天，高小毕业的雷锋，先是在乡合作社做记工员，9月份到乡政府当通信员。雷锋除了完成本职工作，还满腔热忱地帮助别人做统计、制表格、送公函。在休息日主动到厨房帮厨，给不识字的人读报纸……

雷锋在望城县委工作期间，县委机关开办了业余文化补习学校。每次上课，雷锋都跟着机关干部们一块去听。那时，雷锋崇拜英雄，敬仰英雄，以英雄为榜样，用英雄的事迹激励自己，不断进步。雷锋对《谁是最可爱的人》等文章很感兴趣，甚至能够全文背出，雷锋曾珍藏一本《黄继光》，书里记有雷锋的读书体会。

冯健，是新中国成立初期湖南省的劳动模范。1953年高小毕业后，她主动参加农业生产，为当地的养猪事业做出了突出贡献，成为望城县著名的"养猪姑娘"。17岁时她出席全国社会主义建设积极分子大会，18岁加入中国共产党，19岁出席共青团第三次全国代表大会。两次进京见到毛主席。1956年，雷锋到望城县委工作时认识了冯健，冯健成为雷锋最钦佩的先进人物之一。

县委书记张兴玉对冯健和雷锋都比较重视，并分别送给他们两本书：《把一切献给党》和《钢铁是怎样炼成的》，这两本书冯健和雷锋看过多遍，他们不仅相互交流读书体会，还背诵其中一些名言警句，作为共同上进的座右铭。

1957年2月8日，雷锋光荣加入共青团。入团不久，雷锋找到县委书记张兴玉，要求把名字"正兴"改为单字。张兴玉想了一下说："叫'雷峰'行吗？峰是山峰，是高峰，这一定会永远激励你奋发努力，攀登高峰的。"从那以后，

读雷锋故事

他就开始使用"雷峰"这个名字,后来报名去鞍钢时,又把"峰"字改成了"锋",以表明自己为国家建设冲锋在前的志向和决心。雷锋在望城县委工作期间,勤奋努力,三次被评为机关模范工作者。

## 故事四:县城第一位拖拉机手

1957年9月,望城县决定发动全县人民根治沩水,围垦团山湖,在洞庭湖畔的沼泽和荒滩上建设全县最大的国营农场。雷锋多次申请才被批准到工地参加劳动,被分配到工程指挥部做通信员。

这年,共青团望城县委号召全县青少年捐款购买一台拖拉机给农场献礼,雷锋在当月29元工资中留下9元伙食费,其余的全部送交团组织。在这次捐献活动中,雷锋是全县青少年中捐款最多的一个,受到共青团望城县委的表扬,雷锋也因此成为望城县第一位拖拉机驾驶员。

刚到农场的时候,上万亩沉睡的湖泊正待开垦,农学院来的一位师傅一边带着雷锋干,一边教雷锋技术。雷锋特别上心,有时雷锋一边吃饭一边还在琢磨驾驶,把脚踏在桌子上做着踩离合器的动作,双手拿着碗筷左右摆动,就像转动方向盘。同桌吃饭的伙伴们见了,开玩笑说:"你看,小雷把拖拉机开进食堂来了。"

雷锋仅仅学了一个多星期,就可以单独试车了。

1958年夏天,望城县发生洪水,河水猛涨,包围了团山湖农场停车场。为了保护国家财产，雷锋不顾个人安危，把拖拉机开到安全地带，并一直守候在拖拉机旁，直到洪水退去……雷锋在围垦团山湖农场时，最值得骄傲和纪念的事情是被评为"治沩模范"，奖品是一件绒衣。

在团山湖农场工作期间。雷锋的想象力和文学才华开始展露。丰收季节的团山湖，沉甸甸的稻穗在骄阳的辉映下一片金黄。丰收景象激发了雷锋的诗情，他写下了《南来的燕子啊》这样一篇感人的诗篇：

"……南来的燕子啊！也许母燕曾向你说过旧时的景象？往日的团山湖——湖草丛生，满目荒凉，洪水一到，一片汪洋！如今的团山湖啊！良田万顷，满垄金黄，微风吹过，一片稻香。新修的长堤像铜墙铁壁，洪水已再不能逞凶逞狂。红旗插在社会主义的农场，到处是谷满仓，鱼满仓，祖国又添了一个'鱼米之乡'。"

## 故事五：闪光的螺丝钉

1958年，18岁的雷锋经历了人生新的体验，他响应国家号召，到离家乡很远的地方辽宁鞍山去当一名光荣的产业工人。辽宁被誉为"共和国的长子"，有着雄厚的工业实力，贡献过新中国工业史上的众多第一：第一吨钢、第一桶油、第一架战斗机、第一台机床……在鞍钢，众多产业工人身上凝聚着的优秀品质，深深地影响着雷锋。

也许是与开车有缘，虽然雷锋是奔着炼钢来的，但到了

鞍钢，雷锋等人被分配到化工总厂洗煤车间当推土机驾驶员。

拖拉机换成推土机，虽然机器升级了，自己也有技术底子，但雷锋还是有些想法：开推土机和炼钢有什么关系呢？

"拿咱们洗煤车间来说，如果每天不把大量的煤炼成焦，炼铁厂能炼出铁来吗？如果不把炼焦时生产的煤气输送到炼钢厂去，又怎么能炼出钢来？"车间主任的这一番话点醒了雷锋。他想：这不跟螺丝钉和大机器的关系一个道理吗？于是，雷锋暗下决心，要在鞍钢这架大机器上当好一颗螺丝钉。正是鞍钢这架大机器的历练，培养了雷锋"干一行爱一行、钻一行精一行"的职业态度，"像螺丝钉一样，拧在哪里就在哪里闪光"的职业精神。

雷锋在鞍钢化工总厂期间，不仅学会了开推土机，还学会了维修保养，是个技术全面的能手。他的推土机多次被厂和车间评为"红旗设备"，他所在的洗煤车间吊车组被评为"红旗组"。

1959年，鞍钢决定在辽阳弓长岭矿山建设一座焦化厂，雷锋第一个报名参加建厂。8月26日，雷锋到弓长岭焦化厂参加建设。

弓长岭焦化厂工作环境比洗煤车间艰苦多了，雷锋不怕苦累，以苦为荣。他带领青年突击队在别人还熟睡的时候就提前上班和好泥。冬季施工石头不够，雷锋带头跳进冰冷的河水里捞石头。

1959年10月25日深夜，辽阳地区突降暴雨，为了使建筑焦炉生产工地上堆放着的7200袋水泥不受损失，在雨布

和芦席都不够的情况下,雷锋毅然把自己的上衣和被子盖在最后几袋水泥上。当时的鞍钢《共青团报》《辽阳市报》和《中国青年报》都陆续报道了他的事迹。

雷锋在鞍钢工作一年零两个月期间,3次被评为先进模范,5次被评为红旗手,18次被评为标兵,并荣获鞍钢市"青年社会主义建设积极分子"称号。

## 故事六:当上解放军

雷锋从小就想参军。1949年8月,家乡刚刚解放时,9岁的雷锋找到路过的解放军连长要求当兵,连长鼓励年幼的

读雷锋故事

雷锋好好学习，临走时把一支钢笔送给他留念。雷锋在望城县委工作时，他的前任就是参军离开县委大院的。雷锋希望自己也有机会入伍参军。但是，因为他的身高不符合参军条件，县领导让他打消这个念头。

1959年12月初，新一年的征兵工作开始，已经当上工人的雷锋率先报名，但因焦化厂的征兵名额有限，而且雷锋在单位的表现十分突出，单位领导舍不得放他走。

12月22日，应征青年体检开始了。体检站设在一所小学校内。雷锋知道自己的身高体重会成为当兵的障碍。为了让体检医生尽快熟悉自己，雷锋一到体检站就扫院子，整理卫生，给各科室的医生送开水，帮着传递体检表格……当轮到雷锋体检时，他同各科医生已经很熟悉了。测量身高时，雷锋把后脚跟踮起来，医生拍拍他的肩膀，让他站平再量。测量结果，雷锋身高1.54米，体重49公斤。这距离参军的身高标准有一定的距离，体重也不够。

体检没有合格，但这没有动摇雷锋参军的意志和决心。为了能说服部队的接兵首长和当地的武装部门负责人，雷锋多次去找辽阳市兵役局政委余新元。余新元对雷锋说："保卫祖国，前方后方不都一样吗？不都是为人民服务吗？"

雷锋很激动地说："现在前方需要我，所以我要到前方去，用我的实际行动保卫祖国的大好河山。"

"雷锋参军报国的决心大，动机纯，又是工厂的先进人物，是一个好苗子……"余新元向时任辽阳市委书记兼兵役局党委书记、第一政委曹琦汇报征兵情况时，专门说了雷锋的事。

曹琦表态："雷锋政治条件好，个头矮一点，他还能长嘛！送他入伍，政治上合格比身体条件更重要。"

1960年元旦刚过，雷锋高高兴兴地领到了入伍通知书，他穿上崭新的衣服，戴上大红花，到照相馆拍了光荣入伍的纪念照。

1月8日，雷锋来到沈阳军区工程兵驻营口某部，并作为新兵代表在欢迎战友入伍的大会上讲了话。

## 故事七：优秀的"小个子"

新兵训练中，有一个科目是手榴弹投远。身高只有1.54米的雷锋，体质不够强，他用劲投出的教练弹，竟然连及格线都不够。

面对困难，雷锋没有退缩。这天，他在报纸上看到一篇

读雷锋故事

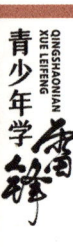

文章,他深受激励,便把那段话记在日记上:"斗争最艰苦的时候,也就是胜利即将到来的时候,可也是最容易动摇的时候。因此,对每个人来说,这是个考验的关口。经得起考验,就会成为光荣的革命战士;经不起考验,那就要成为可耻的逃兵……"

要想练好投弹,光抓住要领还不够,关键是臂力。

于是,雷锋有针对性地苦练起来,练投弹、练双杠、练单杠,大家都休息了,他自己跑到操场上苦练。时值隆冬,在外边待一会,人就会冻个透心凉。操场上,雷锋手握铁杠,冰冷刺骨,直到双手冻得再也抓不住杠子了,他才抄起手来暖一暖。他的衬衣被汗水浸湿了,北风一吹冻得直哆嗦,他咬咬牙挺着。那阵子,他的胳膊都练肿了,吃饭时连筷子都拿不住,但他从来不叫苦。

最后,雷锋这个从不服输的"小个子"实现了实弹投掷成绩优秀!

## 故事八:勤奋的汽车兵

1960年3月,新兵训练结束,雷锋被分配到沈阳军区某部运输连四班当汽车驾驶员,驻地在抚顺市望花区。

当时正赶上新中国历史上的三年困难时期,这个时候,雷锋替国家分忧,珍惜每一粒米、每一度电、每一滴油,把能省的都省下来,能贡献的都贡献出去。

雷锋在运输连驾驶的13号车,当年曾参加过抗美援朝,

到雷锋手里时已经有十多年的历史,各部件磨损严重,是全连耗油最多的一辆车,大家都叫它"耗油大王"。

　　为了根治这辆车耗油的毛病,雷锋费了不少休息时间,一个个细节仔细地排查。他翻阅了许多专业书籍,向行家里手请教,终于发现油耗高原来是化油器的油针太粗所致。他想方设法加以调整,终于使车辆的油耗降低到正常状态。然而,雷锋并不满足,他还摸索出一套节油窍门,例如,在汽车行驶中充分利用滑行的惯性,汽车起步前不轰大油门,保养汽车时不用汽油清洗零部件等。经雷锋这么收拾和精心保养,这辆"耗油大王"后来竟成了全年的节油标兵车。

　　雷锋处处注意节约,每次出车运水泥回来,他都和战友

读雷锋故事

们一起把撒在车上的水泥一点一点地收集起来，仅两个月就回收水泥 850 多公斤。

雷锋到汽车连后，像爱护自己的眼睛一样爱护汽车，天天擦洗和保养。一次，雷锋和助手出车前检查汽车的时候，发现一个豆粒般大的活塞帽不见了，助手急于出车，提出换上一个新的。雷锋坚决不同意，他将机件拆开，细心查找，终于在气缸里找到了活塞帽，从而避免了一场事故。

## 故事九：乐于助人成习惯

1960 年初夏，一个星期天的上午，运输连给大家放了半天假，战友们有的上街买书、照相、逛公园，有的在连队读书、写信、洗衣服。因为肚子疼，雷锋去团卫生所就诊，值班军医告诉他，是夜间着凉了，回去用热水袋暖暖肚子就会好的。返回的路上，不远处抚顺市第二建筑公司本溪路小学建筑工地上的工人正热火朝天地开展劳动竞赛。雷锋被这热气腾腾的劳动场面吸引，走了过去。只听见喇叭里正鼓动运砖组的同志加快速度，不然就影响工程进度了。雷锋把衣袖一挽，也不顾肚子疼不疼了，加入运砖的行列……

原来这所正在修建的本溪路小学，按计划秋后就要开学。为了不影响孩子们按时上学，工人们昼夜加班地干，运砖推车的人们你追我赶，很快就改变了运砖不及时的情况。

雷锋做好事养成了习惯。抚顺市望花区和平人民公社成立，上街办事的雷锋正巧赶上成立大会，雷锋被群情激奋的

场面感动，跑到储蓄所取出自己在工厂和部队的多年积蓄，捐赠了100元钱。

雷锋得知辽阳地区遭受了百年不遇的洪水，正在带病参加水库抢险的他，立即写了封慰问信，连同100元钱，顶着大雨跑到邮局寄给了辽阳市委……

雷锋的突出表现，赢得了军内外的广泛赞誉。经沈阳军区政治部批准，雷锋被记二等功。沈阳军区《前进报》在头版头条刊发了介绍雷锋事迹的通讯。接着，《解放军报》《人民日报》《中国青年报》也相继发表了介绍雷锋事迹的文章，把雷锋的先进事迹和雷锋精神推向了全军和全国。

读雷锋故事

## 故事十：好事做了一火车

"雷锋出差一千里，好事做了一火车"，这是当年流行很广的快板书《学雷锋》当中的一句台词，形象地反映了雷锋把做好事当作分内职责的境界。

随着雷锋的影响力越来越大，雷锋到外地做报告的机会也多了。这天，雷锋又踏上了从抚顺开往沈阳的列车。看到车上的旅客越来越多，雷锋连忙把自己的座位让给一位老人，随即帮着倒水、打扫卫生，给老人找座位，一路上忙个不停。

车到沈阳站换车时，一出检票口，雷锋发现一群人围着一个背小孩的中年妇女，原来这位去吉林的大嫂丢了车票，雷锋连忙上前安慰这位大嫂，并领着她来到售票处。雷锋用自己的津贴给她买了一张去吉林的车票。

还有一次，雷锋到驻丹东的部队做了两场报告，早晨五点多到沈阳换车回部队。过地下道时，遇见一位白发苍苍的老大娘拄着棍子，背着个大包袱吃力地走着。雷锋一打听才知道，大娘是从山东到抚顺来看儿子的。雷锋告诉大娘，自己也到抚顺，正好顺路。一路上雷锋悉心照料着大娘，了解到大娘所带的信封仅写着儿子的信箱号。下车后，雷锋背着大娘的大包袱，一路搀扶着大娘，找了两个多小时，终于帮助大娘找到了儿子的家。

那些日子里，雷锋给住院的同志送过中秋月饼；给抚顺市西部职工医院的同志们送过苹果；还冒雨送过身抱孩子的大嫂……

雷锋从朴素感恩到自觉奉献,他用短暂的生命将助人为乐演绎得淋漓尽致,在无私奉献中收获着幸福和满足。雷锋在日记中写道:"人的生命是有限的,可是,为人民服务是无限的,我要把有限的生命投入到无限的为人民服务之中去。"这不仅让我们看到了雷锋那朴素的价值观和幸福观,更让我们看到了雷锋在助人为乐的过程中灵魂的净化与升华,看到他大情大爱的崇高思想境界。

## 故事十一:雷锋叔叔

1960年10月到1961年4月,雷锋先后担任了抚顺市建设街小学和本溪路小学的少先队校外辅导员。

这天中午,刚出车回来的雷锋,听说孩子们要举行大队会,就连忙跑到学校。在大队会上,他给少先队员讲起了自己瞻仰韶山时听到的毛泽东青少年时代的革命故事。雷锋平时工

作忙,学习紧张,但他经常利用午间休息或风雨天不出车的日子,请假去学校找老师和同学们谈心。

雷锋指导建设街小学的学生开展"三件宝"活动:第一件宝是储蓄箱,让小学生们把自己的零用钱存起来。第二件宝是节约箱,让小学生们把捡到的螺丝钉等旧物装起来。第三件宝是针线包,教育小学生们自己补衣服、钉扣子。建设街小学六年级二班有个学生很伶俐,却很调皮,因为成绩不好,个子老高了还没戴上红领巾。雷锋听说后,每次到学校来,都找他谈心,给他鼓励,还约他到部队营区里玩。

雷锋作为校外辅导员,经常给孩子们买图书、辅导功课,带领大家参加劳动,向孩子们进行艰苦奋斗传统教育……雷锋和孩子们结下了深厚的友谊,他成为孩子们的良师益友,

成为团中央追授的"全国优秀少先队辅导员"。当年雷锋辅导过的学生,许多人后来都成为各行各业的骨干和雷锋精神的传播者。

## 故事十二:雷锋身边的"雷锋"

雷锋的故事激励一代又一代年轻人奋发向上,他的精神更是造就了更多的"雷锋"。在成为家喻户晓的雷锋之前,雷锋的"朋友圈"里,早有一大批"雷锋"。在他成长道路的每一步,不但有抚育他的恩人、发现他的伯乐,还有关怀帮助他的首长、战友和同事……

### 引路人彭德茂

彭德茂是雷锋父亲雷明亮的朋友,更是雷锋苦难童年的见证人,也是雷锋最早的引路人。

他一直对雷家热心相助,雷锋成了孤儿后,彭德茂对他更是像亲儿子般关怀备至,雷锋也一直把彭德茂当成亲人。

1950年夏天,乡政府决定免费送雷锋去读书。时任乡长的彭德茂给雷锋买了衣服、学习用品,送他到龙回塘小学报名,叮嘱他要发奋读书,学好本领,雷锋一直谨记在心。

彭德茂教育雷锋要听党的话,永远不忘本。可以说,彭德茂这位老共产党员是雷锋的第一位引路人。雷锋在成长道路上,从未忘记这位引路人给予他的教育和帮助。雷锋曾在一次演讲中说,"1949年我的家乡解放,那时候有个地下党

员叫彭德茂，他把我从深山里面找出来了，我想到从今天我就幸福了，不再受苦了。党，不断给我吃的，给我穿的，还让我到学校念书……"

今天，这段珍贵的录音还保存在雷锋纪念馆。

## 识珠人黄菊芳

1956年8月上旬的一个下午，天气炎热。

16岁的雷锋正与一群年轻人在安庆乡政府办公室忙着填写秋征花名册的工作，正好遇上从望城县委赶来选调交通员的黄菊芳。

那时县、区、乡之间的文函往来，主要依靠县委交通班的五六位同志步行传递。因此选拔交通员基本的要求，不仅要政治可靠、机智灵活、有一定文化水平，还要体力好。

黄菊芳跑了好些地方都没有遇到满意的人选，但就在此时，热情开朗的雷锋给她留下了很好的印象。他们从雷锋的身世聊到雷锋的理想，雷锋还拿出自编的小册子《苦难的家史，我的理想》，黄菊芳完全被打动了。

回到望城县委后，黄菊芳就向时任望城县县委书记张兴玉汇报了雷锋的详细情况。黄菊芳认为，即使雷锋不适合做交通员，还可以介绍他到县印刷厂去当工人。张兴玉同意了黄菊芳的推荐。

正是由于黄菊芳的慧眼识珠，雷锋进入了望城县委机关工作，而雷锋后来的优秀表现也证明了黄菊芳的眼力。

## 好书记张兴玉

对黄菊芳推荐来的雷锋,张兴玉很满意,但担心他较为瘦小,承受不了交通班艰苦的工作,他决定把雷锋安排在自己身边当通讯员。

雷锋机灵活泼,工作勤快,张兴玉也很看重他,就像对待自己的孩子一样,每次出去办事或者下乡,都会带着他,耳提面命教导他做事做人。张书记还送给雷锋两本书——《把一切献给党》和《钢铁是怎样炼成的》。这两本书对雷锋影响很大,书中的名言警句,雷锋都能倒背如流。

1957年,张兴玉推荐雷锋参加治沩工程,后又送雷锋到团山湖农场学习拖拉机驾驶技术,雷锋后来成为汽车驾驶员就是从这时打下的基础。

雷锋在望城县委机关工作期间,张兴玉以及县领导给予的关怀和指引,对雷锋的成长起到了重要作用。

5年之后,已穿上军装、誉满全国的雷锋,在沈阳军区再

读雷锋故事

次回忆起了张兴玉书记用一颗小小螺丝钉提醒他时刻不忘节约的经历，于是他写下："一个人的作用，对于革命事业来说，就如一架机器上的一颗螺丝钉……螺丝钉虽小，其作用是不可估量的。我愿永远做一颗螺丝钉。螺丝钉要经常保养和清洗，才不会生锈。人的思想也是这样，要经常检查，才不会出毛病。"

## 老红军余新元

余新元是一位功勋卓著的老红军。

1959年11月，在鞍钢矿山公司当推土机手的雷锋报名参军，因为身高体重不足，征兵体检未通过。时任辽阳市兵役局政委的余新元了解到雷锋的身世和参军决心后，决定帮助雷锋。

余新元先是安排雷锋在人民武装部工作，并让他住在自己家里。在与雷锋更多接触后，余新元被雷锋的优良品质打动，三次找辽阳市兵役局第一政委、辽阳市委书记曹琦，详细介绍雷锋的情况。曹琦书记也被雷锋的经历和志向打动，当场拍板："政治上的合格比身体上的合格更宝贵，可以考虑破格送他去当兵！"于是雷锋得到了破格入伍的机会。

余新元又积极向接兵单位推荐，终于在1960年1月8日，于辽阳火车站把雷锋送上迎接新兵的列车。

1962年8月，雷锋牺牲的消息传来。拿雷锋"当儿子般疼爱"的余新元悲痛不已，把挂在家中的雷锋照片摘下来，紧紧拥在怀里。他泪流满面地对妻子说："他没走完的路咱要接着走！"

1981年，余新元离休之后，足迹遍及60多个市县，深入800多个单位，做学雷锋报告3000多场，听众达400多万人次。

## 团政委韩万金

雷锋入伍后，团政委韩万金等人加入了雷锋的"朋友圈"。

韩万金1944年加入中国共产党，参加过晋中战役、太原战役、西南战役、川贵剿匪等大小战斗数百次，身上多处负伤。他是发现、培养、教育雷锋成为该团突出先进典型的直接领导之一。三年困难时期，韩万金把全家人节衣缩食省下来的200元钱交了党费。当时，一克黄金才3元钱。辽东发大水，他又把工资寄给灾区。他勒着裤腰带为党渡难关干革命的事迹感动了全团官兵，包括新兵雷锋。在辽阳水灾和人民公社成立时，入伍才8个月的雷锋，也把自己省吃俭用的钱寄给了灾区和人民公社。

当上级要写报道宣传韩万金时，他却建议宣传雷锋。有人觉得韩万金有点傻，他一笑了之。后来，有人也说雷锋是傻子，雷锋在日记里说，如果说这是傻子，我甘心情愿做这样的傻子，革命需要这样的傻子，建设也需要这样的傻子。

韩万金是一位优秀的思想政治工作者，几十年来，他忠于祖国，忠于党，忠于人民，身体力行。在欢迎新兵入伍大会上，听了雷锋讲话，韩万金感到这是一个难得的好苗子。

此后，他多次同雷锋谈话，亲自批阅有关雷锋的材料。雷锋入党、被树为节约标兵、当选为人民代表、立功等，都得到了他的关注和培养。1960年10月，雷锋入伍9个月，

韩万金提议召开团党委会，并做出决定，树立雷锋为"节约标兵"，号召全团向雷锋学习。

雷锋因公牺牲后，他悲痛万分，亲自主持治丧活动并致悼词，在营区举办"雷锋烈士事迹展览"。在全国掀起"向雷锋同志学习"的高潮中，他应邀赴京为解放军政治学院等单位做了题为《培养教育雷锋成长的经验》专题报告，总结了运输连党支部和团党委发现、培养雷锋的经验，却只字未提他本人所起的重要作用。他说："我们不能沾雷锋的光。"

除了韩万金之外，团长吴海山也同样对雷锋的进步给予了极大帮助。正是在部队党组织和各级首长的关注与培养下，雷锋从一个刚入伍的新兵，一步步成长为伟大的共产主义战士。

## 战友刘成德

刘成德是山东济南人，雷锋的战友，也是同雷锋一起受表彰的先进人物。

1961年3月，在沈阳军区炮七师服役的刘成德和战友分乘两艘船出海执行任务，夜间返航时，随行的1号船因雾大不幸触礁，船上14名战友危在旦夕。接到求救后，刘成德主动请缨前去救人。他毅然脱去棉衣，腰系大绳，纵身跳入冰冷刺骨的海水中，短短100米距离，几乎耗尽了他全身力气。在战友的接应下，精疲力竭的刘成德终于把大绳送到1号船，14名战友得救了。

因为这次救人壮举，刘成德被授予二等功，并作为先进人物，于1962年参加了沈阳军区首届共青团代表大会，与雷锋等一同接受表彰。

会议期间，雷锋被刘成德的事迹深深感动，主动为刘成德写下赠言："亲爱的刘成德战友，您是优秀的共青团员，是我永远学习的好榜样！……"

雷锋牺牲后，刘成德把学雷锋当作自己终生的誓言和行动。他处处以雷锋为榜样，走到哪儿，就把好事做到哪儿。

"雷锋学我一次，我学雷锋一生"是他的真实写照。在部队，刘成德先后荣记二等功一次，三等功三次，获得"五好战士"等荣誉称号。在企业，他年年被评为"五好职工"。退休后回村，他坚持做村里的"义务清洁工""义务交警"，多次被评为"优秀共产党员"，成为山东省和济南市家喻户晓的模范人物。

雷锋的朋友圈，还有不少先进人物，正是这些身边的楷模、身边的好人，给雷锋提供了源源不断的奋进力量。

## 故事十三：英雄永恒

1962年8月15日，天气阴沉，细雨霏霏，雷锋和战友乔安山驾驶着13号车从铁岭山区工地回到抚顺。上午九点半

赶到部队营房，雷锋看到汽车溅满泥水，便让乔安山把车开到营房边的空地冲洗。雷锋当时没上车，在营房通往空地的拐弯处指挥车辆。

天有不测风云。想不到汽车左后轮滑进路边的小沟，车身猛地颠了一下，碰断了一根晾衣服的木杆，晾衣杆弹起击中雷锋头部，导致雷锋颅骨损伤和脑机能障碍，经医院抢救无效，雷锋不幸牺牲，年仅22岁。

雷锋牺牲的消息传开后，抚顺军民万分悲痛，时任沈阳市委书记的沈越把为自己老母亲预备的棺木贡献了出来。8月17日，抚顺军民在望花区政府礼堂举行了隆重的追悼大会，沉痛悼念伟大的共产主义战士雷锋。成千上万的群众自发涌向街头，护送雷锋的灵柩到烈士陵园。

雷锋把抚顺当作自己的第二故乡，抚顺人民把雷锋当作自己的儿子。1964年4月，为纪念雷锋，抚顺市在望花公园新建了雷锋墓。

雷锋这位全心全意为人民服务的解放军战士，将平凡铸成伟大，成为世界上最伟大的士兵。

1963年1月7日，国防部命名雷锋生前所在班为"雷锋班"。1963年3月5日，毛泽东主席亲笔题词"向雷锋同志学习"公开发布。刘少奇、周恩来、朱德、邓小平等老一辈无产阶级革命家为雷锋题词。从此，全国掀起了学习雷锋的热潮，雷锋精神传遍了神州大地。

1963年的春天，是一个让人难忘的春天。

中南海，毛泽东主席的住所。早春的阳光透过窗户，一个平凡士兵在领袖的胸中再次激起阵阵波澜。全国兴起了宣传雷锋的热潮,毛泽东主席也兴奋起来。他感到,雷锋的出现,正是中国培育"一代新人"的成功范例,是民族精神再凝聚、民族人格再塑造的具体体现。当看到普通的中国人中也能够孕育和产生出崭新的人格榜样时,领袖才如此动情,如此欣慰。"人人皆可为圣贤""六亿神州尽舜尧",雷锋就是这个实践和探索成果的代表之一,这是中国共产党给中华民族乃至全人类的伟大贡献。

《中国青年》杂志社,年轻的编辑们为宣传雷锋集思广益,他们想到了毛泽东主席为刘胡兰题词的事。"生的伟大,死的光荣",正是这一题词,使刘胡兰的事迹广为传诵,激励了亿万青年。现在出了雷锋这样一个时代楷模,如果毛主席能题词,那将会产生多么巨大的号召力啊!

于是,编辑部决定给毛主席写封信试试看。给毛主席的信不长,大约三四百字,内容主要是说雷锋的事迹非常感人,是一个伟大出于平凡的好榜样,值得推广,敬请毛主席为雷锋题词。信封上写着:中南海呈毛主席。发信时间:1963年2月16日。收到信后,秘书林克向毛主席做了汇报。

几天后,《中国青年》杂志社年轻的编辑拨通林克的电话,得到的答复是:主席已决定题词。年轻编辑大胆提出:"学雷锋专辑付印时间是2月26日,请转告主席。"

2月22日午后,毛主席让林克去一下。主席拿起一张信纸递给林克,"向雷锋同志学习"7个大字立刻跃入眼帘。主席说:"学雷锋不是学他哪一两件先进事迹,也不是学他

的某一方面的优点，而是要学他的好思想、好作风、好品德；学习他长期一贯地做好事，而不做坏事；学习他一切从人民利益出发，全心全意为人民服务的精神。当然，学雷锋要实事求是，扎扎实实，讲究实效，不搞形式主义。不但普通干部、群众要学雷锋，领导干部要带头学，才能形成好风气。"

毛主席的这番话，不仅指出了学习雷锋的方法，而且指明了雷锋身上最本质的东西，特别是指出了学雷锋的方向。

2月22日下午，随着一阵急促的电话铃声，喜讯传到《中国青年》杂志编辑部："主席为雷锋的题词已经写好，请派人到中南海西门来取。"杂志社一片欢腾！毛主席的题词很快由《中国青年》杂志社报共青团中央，共青团中央又报中央书记处，确定由新华社向全国发通稿。3月2日，《中国青年》杂志第5、6两期合刊出版，杂志刊登了毛泽东主席的题词。3月4日，新华社发出通稿，《人民日报》及其他各报均在3月5日头版头条刊出了毛泽东为雷锋的题词。《中国青年》以《用雷锋的学习态度学习雷锋》为题发表了社论。社论说：毛主席的"向雷锋同志学习"的伟大号召，必将得到我国青年的热烈响应，把学习雷锋的热潮推向新的高潮。这期《中国青年》还有介绍雷锋生平事迹的通讯，近三万字的《雷锋日记摘抄》以及雷锋的诗文。

从1963年3月5日各大报刊发表开国领袖毛泽东主席的题词，到1965年8月，两年多时间里，毛泽东先后6次讲雷锋，2次观看《雷锋》（话剧和电影）。毛泽东在仔细研读雷锋的事迹后说："雷锋值得学习啊，向雷锋学习，也包括我自己，我也要向雷锋学习。"

领袖高度关注一名普通的战士，在古今中外的历史上都是罕见的。半个多世纪以来，在毛泽东、邓小平、江泽民、胡锦涛、习近平等中央领导同志亲切关怀和大力倡导下，学雷锋活动蓬勃开展，接力传承。

"向雷锋同志学习"

1963年3月5日，首都各报都在头版显著位置刊登了毛泽东题写的"向雷锋同志学习"手迹，全国人民响应毛泽东的号召，"向雷锋同志学习"成为一个全民性的运动，产生了巨大的精神力量。此后，3月5日成为向雷锋同志学习的纪念日。

2012年11月8日，党的十八大隆重召开。大会报告明确要求"深化群众性精神文明创建活动，广泛开展志愿服务，推动学雷锋活动、学习宣传道德模范常态化"。习近平总书记强调指出："雷锋精神是永恒的，是社会主义核心价值的生动体现，我们要从娃娃抓起，让雷锋精神在全社会蔚然成风，世世代代弘扬下去。"2019年10月28日，习近平总书记参观抚顺雷锋纪念馆，向全党全军全国人民发出了学习雷锋的号召。

60年来，学雷锋活动带来的暖流，汇成了一条波澜壮阔的长河，正在提升着全社会思想道德建设的水平。

# 第四章 悟雷锋精神

　　雷锋精神是以雷锋名字命名的、通过雷锋言行事迹表现出来的，以雷锋的先进思想、高尚品德和崇高追求为基本内涵的一种伟大精神。2012年，中央办公厅在《关于深入开展学雷锋活动的意见》中，对雷锋精神进行过高度概括。雷锋精神以正确的理想信念为根本支撑，植根于社会主义建设实践沃土，根植于党领导人民创造美好生活的奋斗历程，把追求真理、坚定信仰作为人生航标，蕴含着爱党爱国爱社会主义的宝贵思想；雷锋精神以人民至上为价值取向，把助人为乐当作最大幸福，"把有限的生命投入到无限的为人民服务之中去"，始终具有感动人心、温暖社会的道德温度；雷锋精神以艰苦奋斗为荣，崇尚勤俭节约，反对铺张浪费，追求健康情趣，彰显了中华民族优良传统，始终具有引领文明风尚的长久魅力；雷锋精神以敬业奉献为不变信条，干一行爱一行钻一行，锐意进取，自强不息，用火一般的热情投入工作，始终把工作岗位作为实现人生价值的舞台。雷锋精神是永恒的，是社会主义核心价值观的生动体现，是进行理想信念教育的生动教材，始终具有引领时代进步的独特价值。

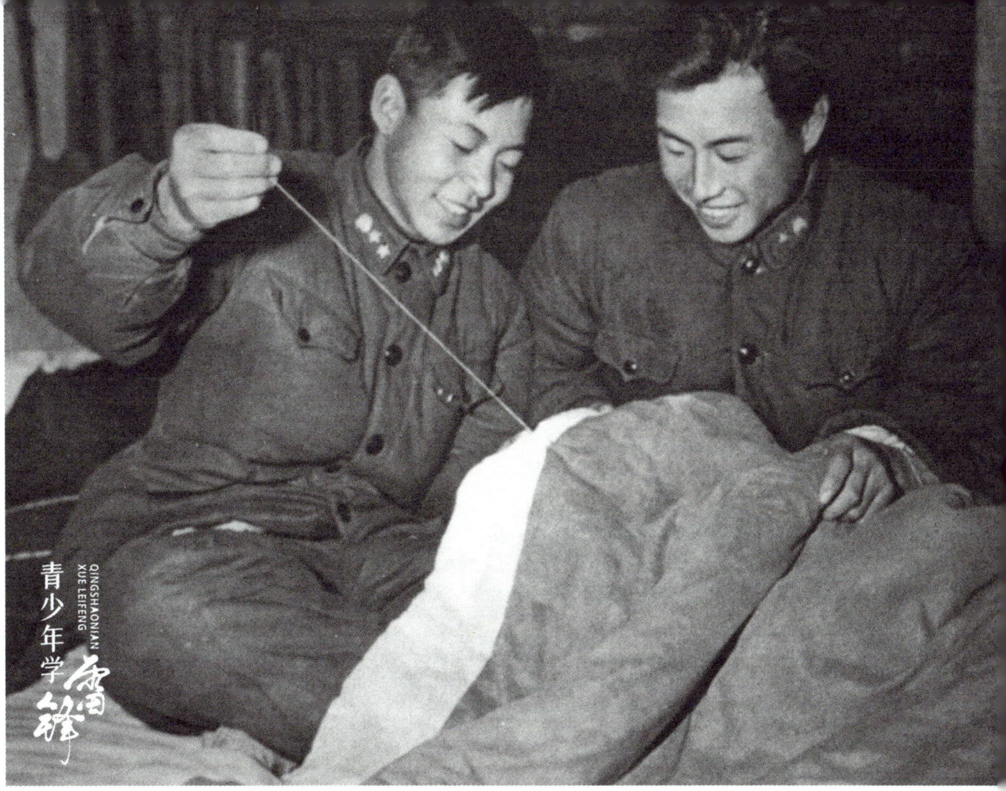

青少年学雷锋
QINGSHAONIAN XUE LEIFENG

雷锋是实践社会主义、共产主义思想道德的楷模，他以短暂的一生谱写了无比壮丽的人生诗篇，树起了一座令人景仰的思想道德丰碑，是全国人民学习的光辉榜样。雷锋精神是中华民族精神的重要内容，哺育和激励了一代又一代人成长。雷锋精神体现了中华民族的传统美德，顺应了社会进步的时代潮流，彰显了我们党的先进本色，是一面永不褪色、永放光芒的旗帜。

雷锋精神是什么？2012年，中共中央办公厅在《关于深入开展学雷锋活动的意见》中将雷锋精神概括为：热爱党、热爱祖国、热爱社会主义的崇高理想和坚定信念，服务人民、助人为乐的奉献精神，干一行爱一行、专一行精一行的敬业精神，锐意进取、自强不息的创新精神，艰苦奋斗、勤俭节

悟雷锋精神

约的创业精神。2013年3月，习近平总书记在辽宁代表团驻地看望与会代表时，以"信念的力量、大爱的胸怀、忘我的精神、进取的锐气"的高度凝练，对雷锋精神做了精辟概括。2018年9月28日，习近平总书记参观抚顺雷锋纪念馆时指出，"雷锋是时代的楷模，雷锋精神是永恒的。实现中华民族伟大复兴，需要更多时代楷模"，对雷锋精神做了进一步阐述。这表明，雷锋精神是开放的、与时俱进的，但其基本内涵是超越时空的、永恒的。这就是：忠于共产主义事业、毫不利己、专门利人、全心全意为人民服务。雷锋精神是党的先进性的生动诠释，是民族精神的生动写照，是中华民族的"国宝"，是人民解放军的"军魂"。雷锋精神生成于马克思主义中国化的历史进程，并不断创新发展，永葆活力。

雷锋精神是不朽的丰碑，我们要深入挖掘雷锋精神的当代价值，创新学雷锋活动的方式方法，使雷锋精神真正深入人心，成为全社会特别是青少年的价值取向。

## 一代新人杰出代表

雷锋精神是以雷锋名字命名的、通过雷锋言行事迹表现出来的，以雷锋的先进思想、高尚品德和崇高追求为基本内涵的一种伟大精神。雷锋的出现和雷锋精神的产生不是偶然的。雷锋是在中国共产党的培养下成长起来的，雷锋精神是在毛泽东思想哺育和共产主义思想教育中产生出来的，扎根于社会主义中国这片沃土之中。

1956年，我国走上社会主义道路。以公有制为主体的社

会主义基本经济
制度的建立，为
全社会打下共同
利益的坚实基础，
使集体主义成为
社会主义道德的
基本原则。时势
召唤英雄，英雄
引领时代。社会
主义社会的建立，
中国共产党的领
导，建设社会主
义道德新任务的
提出，胸怀共产

主义理想，坚持社会主义方向，热爱中国共产党，善于学习、勇于进取、艰苦创业、无私奉献成为时代精神的主旋律，激励着人们奋斗。正是在这样的大背景下，雷锋脱颖而出，雷锋精神应运而生。

雷锋出身很苦，旧社会他成了孤儿。新中国成立后，雷锋在党和政府的关怀下幸福成长。新旧社会的鲜明对比，社会地位的巨大变化，使他憎恨旧社会，热爱新中国和共产党。他积极投身到社会主义革命和建设的洪流中去，把远大的理想和日常工作紧密地结合起来，在平凡的工作岗位上，做出了不平常的业绩。雷锋以短暂的生命铸就了辉煌的人生，以

悟雷锋精神

平凡的事迹彰显了伟大的精神，以崇高的品格树起了道德的丰碑。长期以来，学雷锋活动在全国各地蓬勃兴起，人民群众热烈响应、广泛参与，我国涌现出一大批雷锋式的先进集体和模范人物。朱伯儒被称为"八十年代新雷锋"；赵春娥被称为"活雷锋"；徐虎被赞为"谱写了一曲新时代的雷锋之歌"；郭明义、庄仕华和孙茂芳被誉为"当代雷锋"。

党的十八大以来，习近平总书记结合中国全面深化改革的新阶段、新形势的具体实际，发表学雷锋系列重要讲话。习总书记在党的二十大报告中指出，弘扬以伟大建党精神为源头的中国共产党人精神谱系，用好红色资源，深入开展社会主义核心价值观宣传教育，深化爱国主义、集体主义、社会主义教育，着力培养担当民族复兴大任的时代新人。进一步强调，用社会主义核心价值观铸魂育人，完善思想政治工作体系，推进大中小学思想政治教育一体化建设。这些都为新时代学雷锋确立了科学坐标，明确了任务，指明了方向，雷锋精神将展现出更强劲的历史穿透力和精神震撼力。

## 民族精神的丰富和发展

中华民族在五千多年文明发展进程中，创造了博大精深的灿烂文化。中华优秀传统文化是中华民族的精神命脉，是涵养社会主义核心价值观的重要源泉，也是我们在世界文化激荡中站稳脚跟的坚实根基。中华优秀传统文化，蕴含着丰富的思想道德资源，逐步形成了以爱国主义为核心的团结统一、爱好和平、勤劳勇敢、自强不息的伟大民族精神；这是中华民族战胜种种艰难险阻而生生不息、薪火相传的重要精神支撑；已经成为中华民族的基因，植根在中国人内心，不知不觉地影响着中国人的思想方式和行为方式；也是不同历史阶段孕育新的时代精神的文化母体。

植根于中国悠久文化和历史土壤的中国共产党，肩负着中华民族伟大复兴的历史使命，从成立之日起，就既是中华优秀传统文化的忠实传承者和弘扬者，又是中国先进文化的积极倡导者和发展者。中国共产党近百年奋斗最重要的历史经验之一，就是把马克思主义与中国实际相结合，形成了中国化的马克思主义。这个"实际"，既包括中国革命、建设和改革的实际，又包括中国优秀文化传统的实际。中国共产党始终把中华民族精神作为先进文化建设与党的先进性建设的重要源泉，始终把弘扬与培育民族精神作为领导人民实现民族复兴的重要手段，以与时俱进的精神，继承和发扬中华

悟雷锋精神

优秀传统文化，在各个历史时期，培育出千千万万个具有崇高道德情操和风范的模范共产党员，为了祖国和人民的利益，建功立业，做出了不朽的贡献，带动了整个社会道德体系的发展和社会道德水平的提升。雷锋就是其中一个优秀的代表。雷锋精神既是先进文化的旗帜，又与中华优秀传统文化一脉相承。

雷锋精神汲取着中华优秀传统文化的养分，承接着中华民族的优秀品质，积淀着中华民族深层的价值追求。以爱党爱国、助人为乐、敬业奉献、锐意创新、艰苦奋斗为内涵的雷锋精神，与中华民族"天下兴亡，匹夫有责""位卑未敢忘忧国"的爱国传统相一致，与中华民族倡导的扶危济困、守望相助、仁者爱人的思想相一致，与中华民族遵行的敬业乐群、恪尽职守的情操相一致，与中华民族提倡的因时而变、与时偕行、自强不息、革故鼎新的理念相一致，与中华民族坚守的"成由节俭败由奢""艰难困苦，玉汝于成"的古训相一致。雷锋精神宝库里，体现出的中华优秀传统文化的精神内涵还有很多。正是中华优秀传统文化的滋养和哺育，铸就了雷锋精神的鲜亮底色，奠定了雷锋精神的文化底蕴。这种精神作为中华优秀传统文化与共产主义光辉思想相结合的中国精神、中国价值，具有持久的生命力。

## 为人民服务的生动体现

习近平总书记指出："我们共产党人的最高利益和核心价值是全心全意为人民服务、诚心诚意为人民谋利益——应该始终坚守共产党人全心全意为人民服务的精神家园。"把为人民服务作为共产党员的精神家园，从本质上揭示了党的宗旨的信仰内涵是更高层次的为人民服务，不是简单的"服务群众"，而是为人民奉献、为人民献身。

雷锋是在党的教育下成长起来的一名普通共产党员，他自觉践行全心全意为人民服务的宗旨，时时处处发挥党员的模范带头作用，以实际行动诠释了党的先进性和纯洁性的丰富内涵，彰显了共产党人的精神力量。雷锋精神以人民至上为价值取向，把关爱他人、助人为乐当作最大幸福，始终具有感动人心、温暖社会的道德温度。雷锋精神以艰苦奋斗为荣，崇尚勤俭节约，反对铺张浪费，追求健康情趣，彰显优良传统，具有引领文明风尚的长久魅力。雷锋精神以敬业奉献为不变信条，干一行、爱一行、专一行，用火一般的热情投入工作，始终把工作岗位作为实现人生价值的舞台。在雷锋的言论中，"党""人民""祖国""社会主义""事业"是用得最多的字眼，这些字眼是他人生的价值理想，是他22岁年华不忘

的初心、不负的使命。

2014年2月7日，习近平总书记在接受俄罗斯电视台专访时明确提出："我的执政理念，概括起来说就是：为人民服务，担当起该担当的责任。"这是从执政理念的高度对党的根本宗旨做出的新阐释。雷锋精神的价值取向体现了党的执政理念。雷锋精神中"把有限的生命投入到无限的为人民服务中去""甘当革命的螺丝钉"，把个人的前途完全融入党和人民的事业：像钉子一样，刻苦钻研，勤于学习，积极进取，其实质和核心是为了人民的事业无私奉献，彰显了中国共产党执政为民的政治本色。

模范人物是党的先进性的载体。雷锋以自己的模范行为展现出一个平凡的共产党员、普通的士兵如何在平凡的岗位上实现对社会的责任、对国家的热爱、对党的忠诚、对人民的无私奉献，鲜活地诠释了共产党员为人民服务的宗旨，以无穷的道德感召力激发起广泛的社会共鸣，凝聚起全社会的力量，进一步强化和提升了党的先进性，巩固了党执政的社会基础。雷锋精神能够超越时代而历久弥新，其根本在于它体现了我们党全心全意为人民服务的宗旨，来自人民、根植人民、服务人民、力量在人民、与民同在，价值永存。

## 在发展中获得历久弥新的活力

马克思主义是我们立党立国的根本指导思想。中国共产党成立以来，就致力于不断推进马克思主义中国化的历史进程，致力于用马克思主义中国化成果武装全党、教育人民，指导中国革命、建设和改革的伟大实践。雷锋就是用马克思主义先进理论武装起来的优秀青年和杰出代表。雷锋把革命理论当作粮食、武器、方向盘，注重运用理论联系实际，不断提升自己、完善自己，懂得了怎样做人、为谁活着的深刻道理，坚定了为党和人民事业不懈奋斗的信心信念。深入挖掘雷锋精神的当代价值，不断为其注入新的内涵和活力，使其在时代前进中始终散发着魅力。

雷锋精神的内涵从20世纪60年代的"憎爱分明的阶级立场，言行一致的革命精神，公而忘私的共产主义风格，奋不顾身的无产阶级斗志"，到80年代"五讲四美三热爱"、爱岗敬业，到21世纪初共产主义远大理想、谦虚谨慎、不骄不躁和艰苦奋斗的作风，团结友爱、诚实守信、助人为乐、见义勇为，践行社会主义荣辱观和崇高理想及坚定信念、奉献精神、敬业精神、创新精神、创业精神的"五种精神"，再到今天建设社会主义核心价值体系，雷锋精神犹如一棵常青树植根于实践的沃土，随着历史发展的进程，鲜明的时代内涵特点不断凸显。

雷锋精神是一个动态的开放体系。在这个体系中，雷锋是一个真实、鲜活的人物，也是一个至善至美的符号。雷锋始终与时代进步潮流同频共振，鲜活而走心。它鼓舞推动各个阶层、各个群体高度认同中国共产党提出的道路自信、理论自信、制度自信、文化自信，为实现中华民族伟大复兴的中国梦努力奋斗。在这个宏大的全社会学雷锋主流场景下，某些雷锋精神"过时论""超前论"的疑惑逐渐地退去了，

历史虚无主义用"抹黑""解构"的手段,试图摧毁人们对雷锋等英雄模范传统认知的拙劣表演,遭到广泛的谴责和唾弃。在中国人集体向"当代雷锋""时代楷模""感动中国人物"致敬的盛典上,在千千万万个"中国好人""最美现象"原子般的裂变中,雷锋精神获得广阔的发展时空。

深入挖掘雷锋精神的当代价值与创新学雷锋活动的方式方法,是一个需要不断求解的方程。半个多世纪以来,广大人民群众对雷锋优秀品格始终充满敬意,对学雷锋活动始终保持巨大热情,积累了许多宝贵经验。现在和将来,更要相信和依靠人民,发挥人民的首创精神,加强引导、搭建平台、创造条件,进一步调动全社会开展学雷锋活动的积极性、主动性、创造性。多组织群众乐于参与的活动,多运用群众身边的事例,多采取群众喜闻乐见的形式,吸引群众广泛参与学雷锋活动,使参与的过程成为群众自我学习、自我教育、自我提高的过程;要深入挖掘和大力宣传群众中涌现出的感人事迹,用平凡人的故事展现道德的光芒,激励更多的人从自己做起、从身边做起、从小事做起,把先进典型的精神力量转化为践行雷锋精神的自觉行动;要认真总结和推广人民群众在学雷锋活动中创造的先进经验,引导各地区各部门相互交流、相互学习、相互借鉴,依靠人民群众的智慧和力量推动学雷锋活动不断向前发展。

青少年学雷锋
QINGSHAONIAN XUE LEIFENG

## 第五章 做雷锋传人

# LEIFENG

  1963年3月,毛泽东主席挥笔题词,发出"向雷锋同志学习"的伟大号召。从此,学雷锋活动如和煦的春风,吹遍神州大地每一个角落。雷锋这个响亮的名字,成为时代精神的一面旗帜、公民道德的一座丰碑和人民群众心中一位既平凡又伟大的英雄。走过半个多世纪的时光,雷锋始终活在人们心中,中华大地持续开展的学雷锋活动,极大地焕发了亿万人民火一般的热情。在雷锋精神的感召下,新中国的几代人与雷锋精神同行,涌现出王进喜、孔繁森、苏宁、徐虎、李素丽、郭明义等一大批雷锋精神的传人,而那些"感动中国"人物和千千万万学雷锋志愿者的背后,同样闪动着雷锋的身影。我们大力弘扬雷锋精神,就是要激发人们自觉践行社会主义核心价值观,倡导文明新风,匡正道德失范,就是要不断提高公民思想道德素质和社会文明程度,引导人们做中国传统美德的传承者、社会主义道德规范的实践者、良好社会风尚的创造者,形成我为人人、人人为我的良好氛围。同时,要把学雷锋活动融入未成年人思想道德建设和大学生思想政治教育中,融入校园文化建设和课外实践活动中,引导青少年用雷锋精神励志、用雷锋精神养德,争做雷锋精神的种子,像雷锋那样学习、工作和生活。

## 人民军队雷锋多

习近平总书记提出"着力培养有灵魂、有本事、有血性、有品德的新一代革命军人",从理想抱负、素质本领、精神特质和道德情操四个维度,立体勾画出当代革命军人应有的形象。这一形象,既体现了强军事业对当代革命军人的素质要求,又凝结着人民军队历代优秀军人的形象——雷锋就是其中的典型代表,雷锋形象与新一代革命军人形象具有深层次的契合。

60多年来,在雷锋精神的影响下,人民军队涌现出一大批雷锋式的先进典型。雷锋的生命在他们身上延续,雷锋的精神在他们身上延伸。这一列队走来的"雷锋方阵",使得"人民军队雷锋多"成为我军特有的、别具一格的文化现象。

做雷锋传人

这一文化现象生动反映着我军的性质和宗旨，紧紧连着我军的历史传统，深刻体现着我军的鲜明形象。

我们培养新一代革命军人，应该在推进强军文化建设中积极传承雷锋文化，努力弘扬雷锋精神，让更多官兵在雷锋精神的滋养和感召下，努力成长为"有灵魂、有本事、有血性、有品德"的新一代革命军人，不断续写"人民军队雷锋多"的动人篇章。

## "战火金刚"与"道德榜样"

进入新世纪，在国防大学，美国来访军官和我军指挥员进行过一次交流。当对方得知大校学员宋若波曾是"雷锋班"第11任班长时，提出了这样一个问题：美军拥有世界一流的装备，如果也拥有雷锋精神，那是否就可以所向披靡？

宋若波没有正面回答这一问题，但他以无比坚定的口吻说：雷锋是中国人民解放军的骄傲，他的精神影响全人类。

时隔多年，宋若波依然清楚地记得这次提问，他经常在想：我们的对手记住上甘岭，记住黄继光，那是合乎逻辑的，为什么他们敬重一个没在上甘岭打过仗的普通士兵——雷锋？

四川省宜宾市一位政府工作人员传递了这样一个答案："1993年，我应美国政府新闻总署邀请，以国际访问学者身份赴美国考察采访。在美国国防部一位官员的办公室里看到雷锋的照片，感到很亲切。当时，我问这位美国官员，这里怎么会有雷锋的照片。这位官员告诉我，'雷锋是一位了不起的军人，我崇拜他的牺牲精神。作为军人，无论中国军人、

美国军人,都应该具备军人特有的牺牲精神,这是一种至高无上的精神'。"

人民解放军的行列里,英雄的画像大体可以分为两类:一类是在战火中化为金刚的战斗英雄——堵枪眼、炸碉堡,抛头颅、洒热血,视死如归,人民军队因战斗英雄而骄傲。一类是在平凡岗位上为民造福的道德榜样——拦惊马、救群众,帮孤寡、扶弱贫,爱送人间,人民军队因道德榜样而自豪。

先进军事文化铸造出"战火金刚",这是人们深信不疑的;但军事文化也同样培育出一个国家、一个民族的"道德榜样",这确实值得探究。

"战火金刚"与"道德榜样"融为一体,这在旧军队是不可想象的,而人民军队却让两者完美地结合在一起。因为,在人民军队的旗帜下,这两者的灵魂有着同样的基因。

做雷锋传人

带着英雄崇拜情结踏入部队的雷锋,最初的人生目标是成为黄继光那样的英雄。

让我们把镜头回放到1960年的1月7日晚上。距新兵营开拔前8小时才穿上军装的雷锋,对着镜子又唱又跳,多年的愿望终于实现了,他激动万分地说:"万分感谢党和首长,我多年的理想实现了,我当不上黄继光式的战士就不回辽阳。"他在参军后的头一本日记首页,贴上了黄继光的画像。工工整整地写下了自己的誓言:英雄的战士黄继光,我永远向您学习!为了党和人民的事业,就是入火海、进刀山,我甘心情愿!

从奴役鞭打中翻身解放的雷锋,自小就想参加解放军,扛枪打仗。16岁那年,他在小学毕业典礼上,挥着拳头表达了这样的心愿:"将来,如果祖国需要,我就去参军做个好战士,拿起枪,用生命和鲜血保卫祖国。"

而机会并不如理想所愿。乡政府通信员、县委工作人员、农场拖拉机手、鞍钢推土机手,雷锋直到20岁那年才实现了走入部队的理想。伴随他进入军营的日记里已记住了这些英雄的名字:方志敏、赵一曼、王若飞、刘胡兰、董存瑞、邱少云、黄继光、安业民、向秀丽、孟泰、保尔·柯察金、卓娅、舒拉……这是一幅英雄长卷,英雄文化的滋润让这位有血性的年轻人一直怀揣英雄梦。

虽然历史没有给雷锋提供堵枪眼、炸碉堡的机会,但他以一颗感恩之心回报使他获得新生的党和新中国。他用滴滴泥沙垒成道德高山,用22岁的生命回答了"为谁活着,怎样做人"的人生答卷。他在生前就获得了党和人民极大的信任，被授予沈阳军区"模范共青团员"，被选为抚顺市人民代表。沈阳军区和辽宁人民开展了向他学习的活动，数万人听过他的事迹报告，受到深深的感染。

半个多世纪后，深爱他的人们用124个字为他立传——

雷锋，湖南望城人氏。曰先锋战士，亦普通一兵。幼孤少贫，知恩图报。勤学奋读，敬业爱岗。崇义厚德，克己奉公。先人后己，乐善好施。留百篇日记，写廿二人生。甘当"傻子"以怀民，善莫大焉；愿做螺钉而济世，情何深也。论曰：人生有限，平凡蕴伟大；服务无限，高尚蹈朴廉。伟哉！雷锋事迹，渊涵核心价值；雷锋精神，永领时代新风。

他没有上过战场，没有荣立过战功，却成为中华民族的道德英雄；他没有高大威猛的身躯，只有1.54米的个子，却成为人民军队的排头兵；他离开我们60多年了，而向往和追随他精神的人们却越来越多，雷锋志愿者队伍浩浩荡荡。

这就是我们年轻的朋友雷锋，一个永远不会消失的名字，一个崇高品德的文化代码。

## 培育伟大士兵的沃土

当年，毛泽东背着粮食、朱德挑着粮担走在井冈山道时，不知他们是否预见，这个军队里将来会走出雷锋这样一个士兵？然而，我们深深知道，建立新型人民军队，培养新型革命军人是红军的理想，而雷锋也必然产生在这片沃土上。

中国军队的历史悠长，但多是"天子""皇家"的军队。

做雷锋传人

在历史上一些久负盛名的军队也以"家"相称，如"杨家将""岳家军""戚家军"等。只有中国共产党领导的军队，才开天辟地地把自己称作人民的军队。

曾经跟随毛泽东上井冈山的陈士榘上将回忆道："当时我们的旗号，虽然已经改为工农革命军，打的是五角星加镰刀斧头的红旗，但部队的服装样式与旧军队没有什么明显区别。旧军队留给老百姓最深刻的印象是抓夫、派差、拿东西不给钱，动不动打人、骂人。我们虽是工农革命的军队，但由于部队成员大部分是从旧军队来的，旧的习气还没清除，新的纪律还没建立，因此侵犯群众利益的事情时有发生，不利军民团结。"他还说："毛委员（毛泽东）在上井冈山时，宣布了三项纪律：第一，行动听指挥；第二，不拿工人农民一点东西；第三，打土豪要归公。我们班有人曾在行军休息的时候，到老百姓地里拾过一个露在地面的红薯。经毛委员宣布和解释，我才明确地认识到这是违反纪律的行为。1928年初，毛委员又在遂川城里把部队集合起来，宣布了六项注意。1929年春，毛委员根据群众的反映，把'六项注意'改为'八项注意'。后来又增添为'十项注意'，最后又将两项删掉，变为'八项注意'，项目便固定下来。从此完全改变了我军同群众的关系。"

毛泽东在总结井冈山斗争经验时指出："红军士兵大部分是由雇佣军队来的，但一到红军即变了性质。首先是红军废除了雇佣制，使士兵感觉不是为他人打仗，而是为自己为人民打仗。"

1929年，在福建古田，毛泽东主持召开了红四军第九次党的代表大会。这次会议彻底肃清了旧军队对红军的影响，使整个红军从此成为真正的人民军队。

抗战胜利前夕，毛泽东代表全党又一次宣布："紧紧地和中国人民站在一起，全心全意地为中国人民服务，就是这个军队的唯一宗旨。"

这就是人民军队制胜的根本原因！凡是步入这个队伍的每一个成员，无论你是贫苦百姓还是当过旧军官，都必须把人民当作父母，为人民利益而战。

1958年，朱德在大型丛书《星火燎原》的序文中，充满深情地写道："人民解放军是人民的军队。地主、资本家是不允许人民有军队的，所以人民解放军一诞生，反动军队就天天打，天天围攻。但是这支军队有了共产党领导，有了无

做雷锋传人

产阶级的政治挂帅,有了人民拥护,她不仅没有被消灭,而且越打越大,越战越强,终于历尽千辛万苦,取得了全国的胜利。"

这样的人民军队必定受人民拥护,也必然是产生和培育雷锋这样伟大士兵的沃土。归根结底,人民军队性质和宗旨是雷锋精神的源头。

雷锋出现的时代,是新生的共和国在一穷二白基础上搞建设、需要普通劳动者"平凡而有为"的时代;是执政的共产党面临着严重的自然灾害及敌对势力的打压封锁、保证"党和国家不变色"的时代;是千千万万的翻身得解放者期盼社会主义新道德新风尚、构建"共和国精神大厦"的时代。而雷锋对信仰的执着坚守,对党的忠诚热爱,对国家集体的无私奉献,对人民的大爱情怀,对工作的诚敬守信,以及他那脍炙人口的哲理名言,无疑成为那个时代最好的答卷。

1963年,毛泽东主席应《中国青年》杂志的请求,亲笔题写了"向雷锋同志学习"7个大字。他对秘书林克强调说:"学习他一切从人民的利益出发、全心全意为人民服务的精神。"从1963年到1965年,毛泽东曾先后6次讲雷锋,观看关于雷锋的电影和话剧。他倡导"学他的好思想、好作风、好品德""学习他长期一贯地做好事,而不做坏事";要求"学雷锋讲求实效,不要搞形式主义";强调"领导干部也要带头学,才能形成好风气";赞赏"此人懂得一点哲学",明确表示"向雷锋学习,也包括我自己"。一位领袖对一位士兵如此钟爱,这在历史上是罕见的。而毛泽东"我也要向雷锋学习"的内心表白，更体现了雷锋的精神品质在领袖心中的地位。

## 学习雷锋好榜样

雷锋的名字，因毛泽东主席"向雷锋同志学习"的题词而传遍了神州大地。此后，刘少奇、周恩来、朱德、邓小平等党和国家领导人，及一批伟人名人，纷纷为雷锋题词。60年来，党和国家领导人给雷锋的题词或指示，成为学雷锋活动的强大推动力。

著名诗人贺敬之在《雷锋之歌》中这样写道："1963年的春天，使我们如此地激动！历史在回答：人，应该怎样生？路，应该怎样行？"当时在军事博物馆举办的雷锋事迹展览，不到一个月就迎来了80多万人次，留言2.2万余条。刊登雷锋事迹的《中国青年》杂志发行800万份仍然供不应求，一个炊事员只好从别人手里借一本手抄下来。周总理看到了这个手抄本，称赞他的学习精神，连声说道"扩大发行"。

雷锋的出现，使亿万人民从这个普通士兵身上寻找着"为谁活着，怎样做人"的人生答案。年轻的一代，从雷锋平凡而伟大的人生路程中，懂得了：即使不能像董存瑞、黄继光那样成为战斗英雄，也同样可以为国家和人民做出贡献。而广大老百姓从雷锋同志春天般的温暖中感受到了做好事、树新风的快乐。由此，一个新词语出现了："学雷锋做好事"。这6个字流传半个多世纪，经久不衰，如今已成为最具标志的雷锋文化符号。

做雷锋传人

雷锋的出现，极大地丰富了和平时期人民军队的形象，使人民群众在对解放军的观察认识中增加了道德元素。军事文化中亮丽的"雷锋文化"命题应时而生，而运用雷锋精神推动部队建设，提高战斗力，也成为各级指挥员的自觉行动。

一批雷锋歌曲、影视作品的广泛传播感染了数以万计的人。《学习雷锋好榜样》这首由军队创作的悦耳动听的歌曲，至今还唱响在全军和全国大中小学的校园里。雷锋故事、雷锋日记是每个士兵的必读教材。"学雷锋见行动，争做雷锋式的好战士"，成为军人的前进目标。浓厚的雷锋文化氛围，成为雷锋传人成长的土壤。

"一个雷锋倒下去，千万个雷锋站起来。"自20世纪60年代至今，一个个雷锋式的先进人物，成为解放军英雄谱中一道亮丽的风景。

见义勇为、舍己保护铁路的爱民模范欧阳海，在抗洪抢险中英勇献身的优秀共青团员谢臣，头部受伤依然坚持作战的海军战士麦贤得，为保护群众舍身扑向意外爆炸点的战士王杰，为抢救6名少年拦截惊马而英勇牺牲的刘英俊，他们都有一个共同的名字，叫"雷锋"。刘英俊在日记中写道："雷锋啊，我的战友！你的生命，在我身上延续；你的热血，在我身上沸腾。"

刘英俊牺牲之后，这支部队从鞍山迎来了一位年轻的新战士，他立志以雷锋、刘英俊为榜样做一个对社会有益的人，善行人生，积丘成山，在雷锋牺牲50年后成为人们交口称赞的"当代雷锋"。他叫郭明义,如今跟着他学雷锋的团队成员越来越多。当年的学雷锋活动中,另一个积极分子叫孙茂芳,走上北京军区总医院副政委的岗位后,依然把学雷锋当作自觉行动,将孤寡老人当作自己的亲

雷锋——把有限的生命投入到无限的为人民服务之中去

人,做过的好事多得数不清,在72岁那年被国家树为2014年度的"当代雷锋"。人们习惯于对这个一辈子学雷锋的老干部称之为"老雷",而忽略其本名"孙茂芳"。一位外国朋友问道:"你为何姓雷,学雷锋又有什么好处?"他回答:"学雷锋有德,德高寿长。"

从20世纪80年代至今,尽管社会思潮纷杂,价值观念多元,但雷锋精神形成的影响力,使学雷锋活动在军营持续发展。全军先后涌现出众多"学雷锋标兵"。朱伯儒、黄祖示、刘德全、李润虎等学雷锋"对崇高的坚持",感染了社会;张子祥"帮病人、抚孤寡",为人民群众排忧解难;累死在汶川抗震救灾现场的军校学员、钢铁战士武文斌,使人们重新认识了80后新生代,他们和雷锋一样是最可爱的人。

做雷锋传人

"聚是一团火，散是满天星"，雷锋生前所在团两万多名复转军人，把雷锋精神种子播撒四方。以雷锋战友、第九任团长宋清梅为代表的560名战友，在离开雷锋的日子里，矢志不移学雷锋。他们还在家乡邓州成立编外雷锋团，被中宣部评为"时代楷模"。

在中国历史上，还没有一个人像雷锋那样能够引起全国全军向他学习的持续热潮。雷锋精神的弘扬，雷锋文化的传播，使人民军队成为培育雷锋传人最有成效的集体。

## 千万个雷锋在成长

党的十八大以来，习近平总书记曾经多次在不同的场合发表与雷锋相关的论述。

2013年3月6日，习总书记参加十二届全国人大一次会议辽宁代表团审议时指出，"雷锋、郭明义、罗阳身上所具有的信念的能量、大爱的胸怀、忘我的精神、进取的锐气，正是我们民族精神的最好写照"。

2013年5月4日，习总书记在同各界优秀青年代表座谈时指出："要倡导社会文明新风，带头学雷锋，积极参加志愿服务……以实际行动促进社会进步。"

2014年3月4日，习总书记给"郭明义爱心团队"回信中指出，"雷锋精神，人人可学；奉献爱心，处处可为""以实际行动书写新时代的雷锋故事"。

2018年9月28日，习总书记参观抚顺市雷锋纪念馆时强调，"雷锋是时代的楷模，雷锋精神是永恒的"。

　　党的十八大关于"推动学雷锋活动、学习宣传道德模范常态化"的决定,将推动学雷锋活动更加广泛地融入社会发展进步之中。已经持续了半个多世纪的学雷锋活动,将在"依法治国"的大战略下科学地彰显社会主义核心价值观铸魂育人的"中国路径"。"从娃娃抓起",将雷锋文化引进校园、乡村,是百年大计,也是强基固本之举。青年要"带头学雷锋""工人阶级应该为全社会学雷锋、树新风做出榜样",着眼的则是决定中国未来的最富有活力和创造力的两大群体。特别是习总书记勉励雷锋生前所在团官兵"做雷锋精神的'种子'",这既是对雷锋生前所在团官兵提出的要求,也是对全军指战员的殷殷嘱托。

　　令人欣喜的是,习总书记的这些重要论述如春雨润物,

正在转化为全社会学习雷锋的实际行动。

习总书记在全军政治工作会议上强调，"着力培养有灵魂、有本事、有血性、有品德的新一代革命军人"。这一指示精神是对解决军队建设重大现实问题的时代回应。有灵魂、有本事、有血性、有品德，是新一代革命军人形象的"标准照"。雷锋形象与新一代革命军人的形象有着深层次的契合，大力开展学雷锋活动是培养新一代革命军人的重要途径。

然而，近些年在中国的微博、微信以及各大论坛上，一些职业抹黑中国道德偶像的微信公众号、微博账号、论坛水军十分嚣张，几乎没有一个中国的正面偶像可以逃过他们的抹黑，抹黑雷锋的现象也屡屡发生。意识形态领域面临的复杂形势和政治安全领域面临的挑战，给我们敲响了警钟。

优秀的军事文化是滋润新一代革命军人成长的沃土，英雄就是这些沃土上傲立的青松。敌对势力企图把我们崇拜的古今中外的那些在战火中融为金刚的英雄丑化，把那些在和平时期以雷锋为代表的道德榜样抹黑，妄图把英雄之林彻底摧毁，将这片沃土变成荒原。这就是敌对势力对我们文化冷战的险恶用心。

2015年3月5日，在纪念毛主席"向雷锋同志学习"题词发表52周年的日子里，"播撒雷锋精神的种子——雷锋生前所在团学雷锋主题摄影展"在中国人民革命军事博物馆开幕。这一天，《雷锋》杂志被国家新闻出版广电总局批准创办的好消息也传到了会场。看到放大了的《雷锋》杂志封面大样，一位在军队从事政治工作的老领导落下了热泪，

他说："雷锋是从人民军队走向全国的,学雷锋走在社会前列是军队的优良传统,也是党和人民对军队的政治要求,只有这样人民群众才能更关心、理解、信任我们这支军队。"老领导言辞恳切,欣然指挥大家在展板前唱起了《学习雷锋好榜样》。

今天,一座座军营里,《强军之歌》高亢激昂,英模挂像熠熠生辉。历史、现实和未来都会证明,今天我们捍卫雷锋和英雄们,必然使我们的国家和军队雷锋辈出、英雄辈出。

做雷锋传人

## 当好雷锋精神的种子

习近平总书记与雷锋部队官兵代表亲切交谈时强调:"要做雷锋精神的种子,把雷锋精神广播在祖国大地上。"领袖的号召很快变成亿万人的行动。

### 雷锋精神种子的本质内涵

雷锋精神的种子,维系着雷锋精神的传承与传播的千秋伟业。一代代雷锋传人,用生命串起半个多世纪的学雷锋历史链条,演绎出跨越世纪的红色经典颂歌。

我们党和国家领导人常用种子来形象说明精神传播的作用。毛主席曾经提出"星星之火,可以燎原"的著名"火种"论述。毛主席在《关于重庆谈判》一文提出,我们共产党人好比种子,人民好比土地,我们到了一个地方,就要同那里的人民结合起来,在人民中间生根开花。习总书记秉承共产党人好比种子的思想,在雷锋精神传承与传播这个关乎全社会文明建设的战略问题上,创造性提出了雷锋精神种子的新概念。

雷锋精神种子的内核是红色基因,烙印着我党我军永不褪色的集体记忆。我党我军来自人民,植根人民,以全心全意为人民服务为根本宗旨。这种红色基因从我党我军诞生起,就融入党和军队的集体血脉中。这是培育雷锋精神的源泉,是雷锋精神的本质内涵。习总书记多次强调要把雷锋精神弘扬好,把雷锋精神的种子广播在我们祖国的大地上,其要义即在此。

雷锋精神种子的品格是与时俱进，始终与时代发展同步伐。雷锋精神诞生于火热的社会主义建设时期，它之所以具有穿越时空的旺盛生命力，根本原因在于不断注入新的时代内容，始终与社会价值的主流和方向相一致，与时代发展的节律和内涵相衔接。不同历史时期，一批批学雷锋先进典型，一个个新思想新

风尚，为雷锋精神增添了新内容，赋予了新内涵。雷锋精神因此才能始终引领时代潮流，回应时代诉求，推动时代进步。这就告诉我们，雷锋精神始终保有与时俱进的鲜活品格，关照和满足不同时期社会和人民的精神诉求，以此来凝聚力量、完成使命。

雷锋精神的种子根植祖国大地。习总书记曾经说过："雷锋精神，人人可学；奉献爱心，处处可为。"雷锋精神的种子有着广泛的群众性和实践性，这是传播雷锋精神种子的基础。老一辈革命家董必武曾赞扬雷锋"所做平凡事，皆成巨丽珍"。正因为雷锋所做的是大多数人都在做的工作，人们

做雷锋传人

才觉得可信可亲，感受到做一个好人并不难，因此产生强烈的思想共鸣和价值共识。

## 雷锋精神种子的时代价值

习总书记曾说，一个民族，一个国家，必须知道自己是谁，从哪里来，到哪里去。这是培育和践行社会主义核心价值观要解决的核心问题，也是中华民族道路自信、理论自信、制度自信、文化自信的源泉。在新中国的发展历史上，王杰、罗阳、大功三连……一茬茬雷锋精神的种子如雨后春笋，在祖国大地生根发芽。解读他们蓬勃发展经久不衰的精神密码，最根本的一条就是他们和雷锋一样，始终对党怀有深厚感情，坚定信仰，真信、真学、真用党的创新理论。他们在学雷锋的过程中，将生生不息的先进文化接续传承。解放军某部大功三连，是人民军队中学习雷锋的先进集体，也是新时代雷锋精神种子的代表，他们用习近平系列重要讲话精神建连育人的先进事迹在全社会引起强烈反响，被中宣部授予"时代楷模"荣誉称号。他们传承弘扬"煤油灯下学毛著"的精神，几十年如一日，紧跟党的创新理论，用习近平系列重要讲话精神点亮思想之灯，照亮前行之路。他们的事迹和精神使社会青年系好了人生的扣子，成长受挫的失落青年走出了心理雾霾，家长头疼的问题青年矫正了人生航向，思想活跃的青年学生立起了思想标尺。他们大力弘扬理论联系实际的优良作风，坚持学理论、铸忠诚、育新人、建连队，让官兵学出了好思想、好作风、好本事，连队建设硕果累累，成为又一个新时代的学雷锋标杆。

雷锋在广大人民群众的心中始终是一个光辉的榜样，一面鲜艳的旗帜，一座精神的丰碑。雷锋精神哺育和激励了一代又一代人成长。当今时代，雷锋精神种子继承着雷锋精神的深刻内涵，凝聚着中华民族的优秀品德，闪烁着社会主义的道德光辉，同样具有引领人民崇德尚义、向上向善的强大力量。在河南邓州，有560个当年曾和雷锋一同工作和生活过的战友，他们退伍回乡后，自觉以雷锋为榜样，对工作如夏天般的火热，对群众如春天般的温暖。当官的清正廉洁，为民的扎实肯干，成为当地人民敬仰的雷锋战友。几十年过去了，560个种子成长为一片茂密的"雷锋林"，带出了遍布全市各行各业的学雷锋志愿服务队伍；他们的经验影响带动了全国各地学雷锋活动，成为全国著名的学雷锋社团组织——编外雷锋团。2014年5月，中共中央办公厅代表习近平总书记给他们回信，高度肯定他们的经验。在离开雷锋的日子里，他们接过雷锋的旗帜，踏着雷锋的足迹，创建邓州编外雷锋团，持之以恒学雷锋，成为新时代的楷模。

一颗种子不仅成长为参天大树，还创造出整片的绿色世界。在全国闻名的雷锋生前所在部队陆军某旅，《学习雷锋好榜样》是久唱不衰的团歌，雷锋事迹是常讲常新的团课，而雷锋精神的种子是人人争当的团宝。这个部队的转业复员官兵都有一份荣誉证书，扉页上面写着："无论你走向何方，你都不要忘记你曾经生活战斗过的雷锋部队，无论你在哪里，你都不要忘记你和雷锋的伟大名字连在一起。"脱下军装，

这些雷锋的战友就把传播雷锋精神的义务装进行囊，肩负着神圣的责任，走向祖国的四面八方。据统计，雷锋部队转业退伍2万多名官兵，有80%成为当地的精神文明标兵。"聚是一团火，散是满天星"，是他们把雷锋精神的种子播撒祖国大地的最好写照。如今，编外雷锋团、郭明义爱心团队等新时代雷锋精神的种子相继在全国涌现，他们的故事每时每刻都在传递雷锋精神，在人与人之间传递温暖。我们有理由相信，发挥好雷锋精神种子的影响力，必将影响带动更多的人都来实践雷锋精神，书写更加生动的雷锋故事，催生出更多的雷锋精神的种子。

## 雷锋精神种子的时代作用

新时代赋予新使命。做雷锋精神的种子，应当充分认清肩负的重大责任，发挥好种子的作用。

当好雷锋精神的种子，首先自身要具备像雷锋那样的精神品质，以实际行动书写新时代的雷锋故事。一粒沉甸甸的精神种子，就需要有一种高尚纯洁、与主流思想相契合的精神。这种精神内植到每一名踏浪前行、激情而歌的先锋青少年体内，将自身的理想抱负融入时代洪流，融入党和国家发展的伟大蓝图，实现个人梦想与中国梦的精准对接。因此，以雷锋为榜样，心怀一腔赤诚热血，激扬一身革命干劲，拥抱一份使命情怀，担当一份时代责任，是做好种子的首要前提。

种子是繁衍后代的载体，具有很大的潜在价值。当好雷锋精神的种子，就要紧跟时代步伐，善于运用多种载体和先

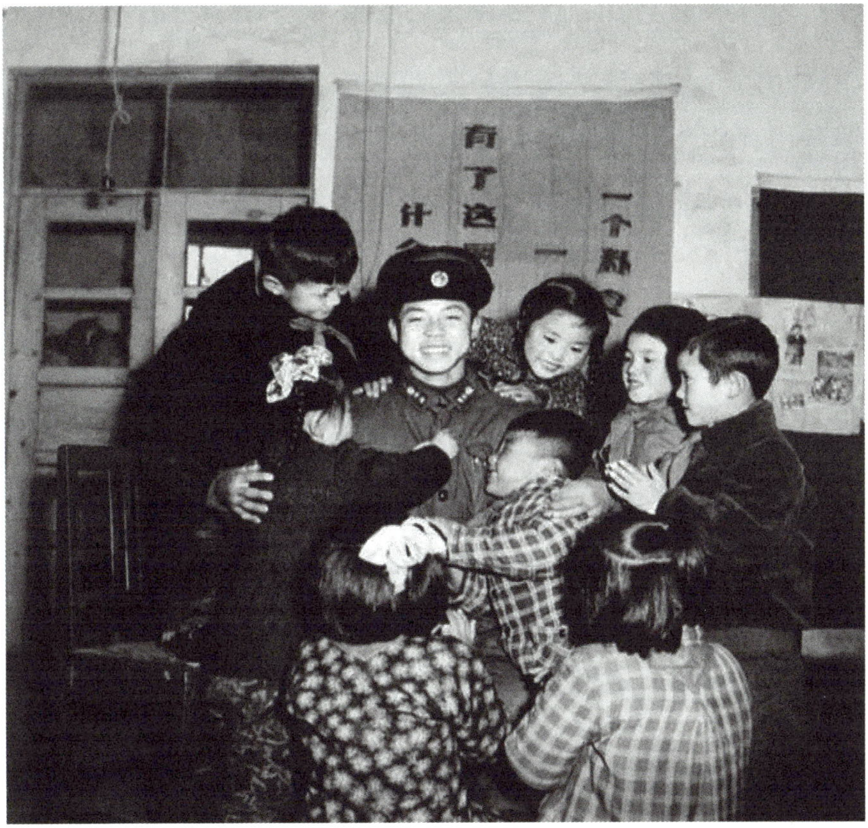

进手段，使雷锋精神历久弥新。

丰富内容载体，大力开展公益行动、学雷锋志愿服务等形式多样的主题实践活动，与文明城市、文明村镇、文明家庭等群众性精神文明实践创建活动同频共振。大到建设雷锋城市，小到创建雷锋号示范岗，让雷锋精神成为亮丽名牌。全国各地、各行各业都以雷锋冠名为荣，让雷锋精神在全社会蔚然成风。不断完善青少年志愿服务制度，广泛开展学雷锋、学道德模范实践活动，通过续写雷锋日记、续存雷锋存折等载体，推动学雷锋活动常态化、制度化。

做雷锋传人

创新方法手段，紧跟时代发展趋势，让雷锋精神插上网络翅膀，充分发挥网络传播互通特性，让国民与爱心团队、编外雷锋团和社会各界学雷锋先进典型网聚在一起，形成弘扬雷锋精神的生动局面。充分运用网络运营平台，积极开展网上学雷锋活动。近年来，雷锋生前所在部队创建雷锋新三宝——雷锋微博、爱心字典进学校、"锋蜜"温暖包，通过互联网为贫困山区儿童募集了3万多本字典和数百套过冬衣物，推动学雷锋活动有创新、有发展。

一颗顽强的种子敢于冲破一切阻力，抵抗风雨侵袭。当好雷锋精神的种子，要敢于直面敌对势力的污蔑和诋毁，坚决捍卫雷锋的光辉形象和崇高荣誉，旗帜鲜明地树新风、养正气。人人都争做雷锋精神的捍卫者，主动批驳负面消极言论，旗帜鲜明举精神之旗，立精神支柱，建精神家园，巩固壮大主流思想舆论，正本清源，激浊扬清。要打好阵地战，在网络阵地争夺交锋异常激烈之时，要把握先机，抢占高地，扩大声势，牢牢占据。我们每个单位和每个人都是弘扬雷锋精神的种子和基础，都有义务有责任主动传播正能量，感染、感动、影响带动更多的人加入学雷锋的行列中来，应通过有针对性、有重点的网上宣传，努力让雷锋成为时代的"网红"，续写新时代的雷锋故事。

## 青少年如何学雷锋

雷锋从小爱祖国、爱人民、爱学习、爱劳动。他在学校是好学生，进工厂是好工人，当上解放军是好战士。雷锋喜欢写日记，他在一篇又一篇日记里，写下了对共产党和新中国的热爱，写下了对工作和生活的追求。1963年3月5日，毛泽东主席"向雷锋同志学习"的题词公开发表，全国掀起学雷锋活动热潮，雷锋成为家喻户晓的英雄模范人物。60年来，伟大的共产主义战士雷锋爱党爱国爱人民的精神在神州大地广为传颂。今天，中国特色社会主义进入新时代，雷锋精神汇入中国共产党伟大精神谱系，成为全社会公民道德建设的楷模，成为社会主义核心价值观的生动体现。习近平总书记说："要把学雷锋活动与加强未成年人和大学生思想政治教育结合起来，让雷锋精神代代相传、发扬光大。"

那么，今天我们学习雷锋哪些精神呢？不妨从雷锋的日记和故事中去思考、总结吧！

### "一滴水"精神

★ 如果你是一滴水……
● 如果你是一滴水，你是否滋润了一寸土地？
● 一滴水只有汇入大海才不会干枯。
● 水是生命之源，没有水，鲜花会凋谢，禾苗会枯萎……

做雷锋传人

### "一线光"精神

★ 如果你是一线阳光……

● 如果你是一线阳光,你是否照亮了一分黑暗?

● 阳光是光明的,也是温暖的,阳光带给人们的是笑脸和希望。

● 大海航行靠舵手,万物生长靠太阳。

### "一粒粮"精神

★ 如果你是一粒粮食……

● 如果你是一粒粮食,你是否哺育了有用的生命?

● 人是铁饭是钢,一顿不吃饿得慌。

● 锄禾日当午,汗滴禾下土。谁知盘中餐,粒粒皆辛苦。

### "一枝花"精神

★ 如果你是一枝花……

● 如果你是一枝花,你是否打扮出美丽的春天?

● 一朵鲜花打扮不出美丽的春天,单靠一个人的力量也办不了大事。

● 一花独放不是春,百花齐放春满园。

## "一颗钉"精神

★ 如果你是一颗最小的螺丝钉……

● 如果你是一颗最小的螺丝钉，你是否永远坚守在你生活的岗位上？

● 一个单位、一个集体，就像一个大的机器，我们每个人就是机器上的螺丝钉，每一颗螺丝钉都拧紧，机器才能正常运转。

● 我们长大后要勤奋工作，坚守岗位，永远做一颗闪闪发光的"螺丝钉"。

## "一团火"精神

★ 如果你是一团火……

● 如果你是一团火，你对待工作是否像夏天一样的火热？

● 春蚕到死丝方尽，蜡烛燃尽泪始干。

● 对待同志要像春天般的温暖，对待工作要像夏天般的火热，对待个人主义要像秋风扫落叶一样，对待敌人要像严冬一样残酷无情。

做雷锋传人

> ## "一首歌"精神
>
> ★ 如果你是一首歌……
> ● 如果你是一首歌，你是否唱出了时代强音？
> ● 歌为心声，我们要用最美的歌声，赞颂祖国壮丽的事业。
> ● 唱支山歌给党听，我把党来比母亲，母亲只生我的身，党的光辉照我心。

## 雷锋精神进校园

在雷锋日记当中，雷锋先后有 20 次提到"幸福"一词。深入解读雷锋的幸福密码，我们发现：雷锋的幸福观，恰恰与当前我们要践行的社会主义核心价值观不谋而合。现如今，不少中小学把"雷锋精神"融入学校德育体系，把信念教育、社会主义核心价值观教育、学生行为规范教育纳入实践当中，打造新时代爱国主义小公民培育工程，用雷锋的"幸福观"贯通课堂教学和德育阵地，实现立德树人的总目标。

### 雷锋精神的时代定位

雷锋，是一座令人景仰的思想道德丰碑，是全国人民学习的光辉榜样。雷锋精神，是以雷锋的名字命名，在实践中不断丰富和发展的革命精神。自 1963 年 3 月 5 日，毛泽东主席发出"向雷锋同志学习"的号召以来，全国人民学雷锋蔚然成风。党的十八大以来，习近平总书记更是就学习弘扬雷锋精神多次做出重要指示，强调"雷锋是一个时代的楷模，雷锋精神是永恒的。

实现中华民族伟大复兴，需要更多时代楷模"，要求我们既要学习雷锋的精神，也要学习雷锋的做法，把雷锋精神代代传承下去。

为响应党和国家领导人的号召，大力弘扬和践行雷锋精神，全国不少中小学都将"雷锋精神"融入学校德育体系。其中，山东省济南市槐荫区实验学校自2017年启用以来，始终以"雷锋精神"为校魂，秉承"让生命因成长而幸福"的办学理念，深度解锁与时俱进的雷锋精神，不断丰富、创新德育内容和形式，创新践行体系，培养新时代的雷锋传人。

## 雷锋精神的时代价值

2021年9月29日，中共中央宣传部发布第一批纳入中国共产党人精神谱系的伟大精神，正式将"雷锋精神"列入其中。自此，雷锋精神作为社会主义革命和建设时期重要的精神因子，成为中国共产党人一笔宝贵的精神财富。

做雷锋传人

深入解读雷锋日记，我们不难发现这样一些句子：

为党的事业贡献出自己的一切，这才是最幸福的。

把同志的愉快看成自己的幸福。

我们每个人的幸福依赖于祖国的繁荣……

作为日记中的一个高频词语，雷锋的"幸福"让人过目难忘。那么，是什么让雷锋如此"幸福"？雷锋的"幸福"密码是什么？阅读和分析雷锋的幸福密码，我们对雷锋精神的思想内涵和时代价值，就会有更深刻的了解和感悟。

雷锋的幸福，来源于对党和国家的热爱之情，对社会主义的崇高理想和坚定信念，来源于愿意服务人民、助人为乐的"奉献精神"，更来源于干一行爱一行、专一行精一行的"敬业精神"，以及锐意进取、自强不息的"创新精神"和艰苦奋斗、勤俭节约的"创业精神"。这几个精神层面，汇聚成一盏耀眼的明灯，指引着人们前进的方向，在时间长河的涤荡中历久弥新，不断散发出熠熠光辉，给人以精神上的鼓舞和鞭策。深刻把握雷锋精神的内涵与当代价值，有助于我们更有效地践行雷锋精神。

下面，我们就以山东省济南市槐荫区实验学校为例，看看如何将雷锋精神融入学校德育体系。

自建校以来，该校一直将雷锋精神作为校魂，坚持把"关注个体生命成长"定位于学校德育的起点和终点。其目的，就是用雷锋的"幸福观"贯通课堂教学和德育阵地，实现立德树人的总目标，并在此基础上，深入解读与时俱进的雷锋精神，将雷锋的"幸福观"与学校办学理念融合在一起，将雷锋精神与学生的幸福成长融合在一起。以雷锋精神为因子，为学生筑牢思想道德的根基；以新时代雷锋为标杆，帮助学生树立雷锋式的价值观，成为新时代的雷锋传人。

以此为出发点，依据学生不同年龄阶段的身心发展规律，结合中小学思政课当中与雷锋精神相切合的知识点，学校将雷锋精神与不同学段的德育目标结合在一起：

一是知雷锋。聆听雷锋助人为乐的故事，了解雷锋眼中的幸福；通过学习新时代的雷锋、寻找身边的"小雷锋"，感受服务他人的光荣，产生帮助他人的愿望，初步感受服务他人的幸福滋味。

二是懂雷锋。通过阅读、续写雷锋日记，引导学生分析归纳雷锋精神的内涵，树立主动传承雷锋精神的意识；参加"锋尚帮帮团"送温暖活动，践行雷锋精神，并从奉献社会的角度深层次理解雷锋的幸福观，培养学生健全人格，提高社会责任感和国家认同感。

三是做雷锋。解读雷锋日记，认同雷锋精神，坚定理想信念，树立雷锋精神的价值观；通过设计并参与不同类型的学雷锋活动，践行雷锋精神，树立为人民服务的信念，增强社会责任感，争做雷锋式的好少年。

## 雷锋精神在实践中的传承与发展

一、组织架构

2012年2月，中共中央办公厅印发《关于深入开展学雷锋活动的意见》，强调将学雷锋活动作为学校常态化项目。

做雷锋传人

这就要求我们，必须把"雷锋精神"融入学校德育体系，打造新时代雷锋式小公民培育工程，形成榜样示范引领、同伴心灵互助、课堂内外结合的"学雷锋"新模式。

为不断创新践行新模式，学校把象征微型社会的"公社"概念搬进校园，模拟不同的社会化场景，为学生提供沉浸式学习和实践活动的平台。把学生行为规范教育、信念教育、社会主义核心价值观教育等纳入"幸福公社"情境当中。从入学的第一天起，每个实验学子都会自动成为"幸福公社"的社员，领到一张"幸福公社"专属的社员身份证，收到一份"幸福公社"的社员公约，在老师的带领下学习，并承诺以创建"幸福公社"，争当雷锋式的好少年作为自己的行动纲领：

### "幸福公社"公约

1. 说了就要做
2. 主动打招呼
3. 按规则办事
4. 天天锻炼身体
5. 用好每一分钱
6. 每天帮父母做一件事
7. 不给别人添麻烦
8. 随时准备帮助别人
9. 绝不向困难低头
10. 干干净净迎接每一天

在"幸福公社"这个模拟的微型社会中，还设有七大运营组织，分别是：

"锋蜜"印务局。印务局的同学们开办起"锋蜜"书吧，不仅为小社员贴心准备了《雷锋日记》《雷锋的故事》等书籍，用来武装头脑，还定期为大家更换经典书目和时下图书排行榜上新出的绘本和小说，每到课间，书吧就会吸引大批的小社员们前来围观。他们在温馨小书吧里或坐或卧，徜徉在书的世界，感受书籍和雷锋叔叔带来的双重快乐。

"锋粉"宣讲团。"锋粉"们都是各班推荐出来的超级小"锋粉"，有颜值，有担当，他们利用升旗仪式、红领巾广播站等途径传颂雷锋事迹，走进各中队为小社员们宣讲雷锋精神，在少代会上号召同学们做新时代小雷锋。凭借自己的影响力成为幸福公社传播雷锋精神的"形象代言人"。

"锋迷"小作协。小作家们不仅要组织同学们研读《雷

锋日记》，还组织大家一起来设计幸福公社专属的"幸福日记"册，开展"学雷锋做雷锋"征文、续写雷锋日记活动，师生、家长三方联手，在领会雷锋精神的同时，及时将传承雷锋精神的行动与体会记录下来，大人、小孩一起来争做新时代先锋传人。

"螺丝钉"服务队。服务队的小队员们个个都是服务他人的好"把式"。他们率领小社员们到社区打扫卫生、摆放共享单车；走上街头为市民宣传垃圾分类、一盔一带知识；走进敬老院关爱孤寡老人，为老人们表演节目、打扫卫生、奉献爱心。校里校外，处处留下他们学雷锋做雷锋的足迹，走到哪里，哪里就有人夸。

"锋尚"帮帮团。帮帮团的小团员们是校园里最忙碌的一群"小蜜蜂"。他们要是忙碌起来，连老师都会伸出大拇指。开展为山区学校帮扶行动，和一年级小朋友手拉手结对子，带一年级小朋友认识校园，参观队室，学习少先队知识；教他们做值日、做两操等。

"锋范"寻访团。小团员们慧眼如炬，他们不仅关注自己身边的"小雷锋"，还勇敢地走出校园，走进社会，寻访活跃在各行各业的先锋模范人物。比如，采访济南市道德模范马琛琛，社区志愿者、抓贼英雄张业爱，身边好人退伍军人郝富荣等，学习他们无私奉献、关爱他人的志愿精神。

"锋秀"文创局。这里活跃着校园里非常有"创意"的"最强大脑"。他们不仅要开动脑筋，组织大家设计"学雷锋周年庆"主题LOGO，征集雷锋泥塑秀、剪纸作品，还和小社员们一起设计校园吉祥物"成成"和"福福",并在此基础上融入雷锋元素,作为年度十佳"追锋"少年的奖品。他们开办的"幸福"超市还为小社员们提供兑换服务,孩子们凭借日常学习生活中争取到的各类奖章,在这里兑换设计有雷锋元素的书签、冰箱贴、U盘等文创作品。这些"宝藏小物"携带"学雷锋"的印记,走进同学们的日常生活,用它们"出圈"的能量,让雷锋在孩子们的心里安家落户。

二、管理模式

幸福公社成立工作委员会,负责七大运营组织的日常管理。每个运营组织设立团长一名,副团长一名,全部由学生担任。经少先队各中队推荐,少代会竞选产生,充分实现学生自主式管理。社长是整个公社的CEO,负责召集各部门工作会议,制订学期工作计划,报请学校批准并实施。校长和德育干部则化身督导员和团部参谋,为七大运营组织出谋划策,保驾护航。小社员们根据自己的年龄特点,以班级为单位参加各运营组织举办的各种有趣而又有创意的活动,包括:

### 学雷锋创意"六个一"行动

1. 续写一次《雷锋日记》
2. 编排一部学雷锋情景剧
3. 寻访一位身边的雷锋
4. 参加一次"螺丝钉"志愿服务活动
5. 做一次雷锋精神的"宣讲人"
6. 设计和制作一件有雷锋元素的文创作品

做雷锋传人

学校操场一侧还建有雷锋园，春有玉兰秋有月，一年四季常青。这里也是小社员们经常参与活动的地方。每年的学雷锋日和雷锋诞辰等重大节日，雷锋园里彩旗招展，在幸福公社社旗引领下，代表七大运营组织的七彩旗帜一字排开。社歌《学习雷锋好榜样》，小社长带领全体小社员为雷锋叔叔敬献花篮、红领巾，重温社员公约，宣读誓词：我是雷锋精神传承人，向雷锋同志学习！

"幸福公社"是场景，也是纽带，更是小社员们的精神家园。在这里，各种行为规范互相配合，有机地组成一个社会规范体系，调整着小社员们各个方面的社会行为，让雷锋式的幸福观教育与学生的生活实际有机融合在一起。在不同角色的实践体验中，孩子们自觉地将教育要求内化为个体成长的需求，将雷锋精神和价值观内化成个人的主观意识，最终成为一名幸福的雷锋式好少年。

七大运营组织就像七朵金花，在"幸福公社"里争奇斗艳，使雷锋精神遍地开花。

三、评价体系

在"幸福公社"，小社员们将享受到不同形式的评价：一种是日常评价，一种是终极评价。终极评价与日常评价体系相呼应，最终形成一个完美的闭环。

基于"幸福公社"情境的日常评价有在幸福银行存储幸福币和在少先队参加争章活动两种形式，这两种形式同步进行。孩子们既可以通过少先队开展的三级争章活动，在学习、运动、行为习惯等各个方面争取到一定数量的"七彩幸福成长章",换取到高一级别的苗苗章和大树章,也可以通过参加幸福公社丰富多彩的活动换取幸福印章,用于兑换幸福币、活动门票,以及超市购物卡等。动态、多样、即时的评价方式对小社员们有着重要的激励意义,争取获得更多奖章和幸福币成了孩子们每天的小目标。孩子们获得的奖励越来越多,参与的积极性也就越来越高。良好的行为习惯不断被固化下来,整体精神面貌也有了很大提升。

在幸福公社,每个小社员的手里都有一个神秘的小本本,这个本本的名字叫"幸福存折"。孩子们将学雷锋、做雷锋落实到生活的每一天当中。每做一件好事,就在这个小本本盖上一枚"幸福"印章,5枚幸福印章可以换取10枚幸福币。等到期末,幸福公社文创局旗下的"幸福"超市如期开张,小社员们拿着自己积攒了一个学期的大树章和幸福币,兑换喜欢的文创小物,别提多开心了。

每学期期末,幸福公社还将迎来一个重大的节日——"幸福节",这是幸福公社为小社员们独创的专属节日,既是终极评价,也是成果展示。每到六一儿童节或元旦这一天,幸福公社持续一学期开展的各种活动,如争创"雷锋"英雄中队、十佳"追锋"好少年、十大"锋尚家庭"等,都将迎来自己的高光时刻。以中队推选、全校投票的方式评选出的校园十佳"追锋"好少年,不仅会获得由公社社长颁发的荣誉奖章,还将走上红地毯,和校长来个亲密拥抱。为他们特设的"追锋"长廊上,也将展示他们的光荣事迹,和大人世界的时代先锋齐头并进。幸福节有时还会开办夜场活动。届时,小社员们

做雷锋传人

手举荧光棒,头戴用各色纸板、布头手工缝制的"雷锋帽",肩挎自己亲手设计的"雷锋包",雄赳赳气昂昂地走进学校,在校园里尽情狂欢。玩累了,就在操场上幕天席地,和久违的漫天星辰打个招呼,一场认星星比赛又如约而至……

活泼生动的动态评价过程,让幸福公社的每一个板块和空间都充满了趣味和生长的力量。看见每一个,生长每一个,幸福每一个,"追锋"的少年们在这里找寻自己幸福成长的密码,倾听自己幸福成长的拔节声。幸福公社,也由此真正成为孩子们收获成长、收获幸福的发生地。

四、队伍建设

古人说,德不孤,必有邻。在幸福公社,传承雷锋精神的小社员们,有着自己的朋友圈。最近,听说他们的朋友圈又火"出圈"去了。那些接受过他们帮助的人,自然而然成了他们的朋友;有越来越多想和他们一样,成为雷锋传人的大朋友小朋友,纷纷前来"投靠"他们。是的,你没听错,幸福公社的社员们不光有小孩,还有各行各业的大人们。

雷锋说,一朵鲜花打扮不出美丽的春天,一个人先进总是单枪匹马,众人先进才能移山填海。孩子们争做雷锋式的好少年,老师们自然不甘落后。爱岗敬业、无私奉献,人人争做雷锋式教师,已成为该校的教师文化。党员教师志愿服务队和团员、队员们联合起来,手拉手一起到社区、到街头参加志愿者服务活动;老师们成立了"幸福+"课后志愿服务队,以学生兴趣出发点,设计和研发课后服务课程,为孩子们量身打造了"2232"课后服务课程超市。这些不仅丰富

了小社员们的校园文化生活,还解除了家长的后顾之忧。

日常工作中,更是涌现出诸多雷锋式的教师,他们把学生发展、学校发展放在首位,把立德树人、培养一代又一代社会主义建设者和接班人作为自己的根本任务,将传承雷锋精神当作自己的职业使命。

老师们的奉献精神也感染着家长们。"幸福+"家长护学岗、"幸福+"家长学堂,家长们通过不同的形式参与到公社行动中来,用自己的方式回应着孩子们和老师们的行动,成为孩子们学雷锋做雷锋的忠实拥护者。

五、文化塑造

与此同时,具有雷锋特色的校园文化也在不断升级打造之中。雷锋主题文化园,每逢雷锋纪念日、雷锋诞辰、少代

做雷锋传人

会等重大节庆日，公社的各大运营组织都会适时推出不同特色的雷锋主题教育活动，在雷锋园举行为雷锋雕像敬献红领巾、朗诵雷锋日记、讲雷锋故事、重温入队誓词等活动，将雷锋精神内化于心，外显于形。

"追锋"长廊上，不但展示着新时代雷锋式的先锋人物，也有我们"追锋"成功的十佳好少年。

雷锋不是传说，他是实实在在的人，更是我们身边的一分子。学校着力在校园文化建设中凸显雷锋元素，设"雷锋纪念馆""雷锋报告厅""雷锋广场"和充满人文情怀的"雷锋班级文化墙"，都已提上议事日程。通过校园文化的再造，让雷锋元素抬头可看、驻足可观，让雷锋形象植根校园，深入人心。

雷锋精神承载着中华民族的传统美德，浓缩了人类互利互助、向善向美的精神追求，彰显了社会主义、共产主义道德的崇高精神境界，是中华民族精神的生动体现。新时代"用雷锋精神兴校育人"，就是通过雷锋精神美丽呈现的方式，呼唤至诚、尚善、达美的心灵，培养文明朴实、感恩奉献、责任坚毅、爱我中华的好少年。用好用足雷锋精神，在德育上开出时代之花、结出育人硕果，是新时代下的必然选择。

"幸福公社"正是以雷锋精神为纽带，创造性地为学生打造起一个践行雷锋精神的家园，为生命因成长而幸福提供了更广袤的空间和活动的舞台。

## 百年初心与永恒榜样

60年来,学雷锋在历史的长河中留下了什么记忆?可以用三句话概括:中国共产党建党史上持续时间最长的初心教养活动;新中国成立以来影响最广的国民教育活动;在中国老百姓中赞誉度最高的文明实践活动。

### 开创标志人类文明新形态的"雷锋时代"

《中国共产党简史》这样表述:雷锋精神,成了新中国社会风尚的一个标志。

《中华人民共和国简史》这样表述:雷锋,成为中华民族的时代精神楷模。

雷锋出生于1940年12月18日。他是在旧制度的裂变和新制度的诞生中成长的。爱憎分明,感恩报恩,言行一致,是雷锋最明显的特征。

在黑暗的旧中国,雷锋是一个苦难的孤儿。父亲被日本鬼子毒打致死,12岁的哥哥因病无治而亡,3岁的弟弟活活饿死在母亲怀中,母亲中秋夜含冤而死。家人毁灭之时,他才7岁。在黑暗的旧中国,雷锋有一个仇恨的梦,"拿起枪,粉碎那些狗豺狼为爹妈报仇"!是共产党解放了他的家乡,孤儿雷锋获得新生。

在光明的新中国,雷锋站起来当"主人",从一棵被践踏的小草变成了欣欣向荣的春苗。他心中腾生了一个建设者的"英雄梦"。雷锋10岁上小学,16岁小学毕业,作为少

做雷锋传人

先队大队长的雷锋考上了中学,但他不愿给乡政府增加负担,自愿弃学返乡,参加农民扫盲运动。在小学毕业典礼上,雷锋一口气说出了自己的"青春梦":"我响应党的号召,决定留在农村广阔天地里,去当新式农民,决心做个好农民,架起拖拉机耕耘祖国大地;将来,如果祖国需要,我去做个好工人建设祖国;将来,如果祖国需要,我就去做个好战士,拿起枪用生命和鲜血保卫祖国,做人类英雄。"雷锋讲完这番话泪流满面……

16岁那年,雷锋被选到县委工作。县委张兴玉书记辅导他阅读《毛泽东选集》,带他下乡扶贫。张书记为揭不开锅的贫困农民捐款,雷锋看到了"共产党的官是什么样子",也捐出了10元钱。两年后,雷锋主动要求离开县委机关,参加艰苦的治沩河水利工程,成为望城县第一个拖拉机手。

18岁,雷锋报名去东北鞍钢当工人。离别家乡前,他提出要把原名"雷正兴"改掉。他说:"雷正兴这个名字有家道兴旺的意思,旧社会我连家都没有,还说什么兴旺呀。我不喜欢,一直想改个名字。"他之前曾改名叫"雷峰",寓意登高望远,胸怀大志。县委赵阳城副书记提议他将"峰"改为金字旁的"锋",意在到鞍钢为建设社会主义打先锋。在鞍钢,雷锋3次被评为先进模范,5次被评为红旗手,18次被评为节约标兵。

19岁,雷锋响应祖国号召报名参军,因为个子小、体重不达标,在体检关口就被卡住。但他的决心超乎常人,引起了兵役局副政委、老红军余新元的重视。余新元的童年有着

和雷锋相似的经历。他说："雷锋苦大仇深，热爱共产党，热爱解放军，他学习毛主席著作，是一个好苗子，我就送他参军。"雷锋是在新兵启程前8小时，才作为"特殊兵员"领取了军装。余新元给雷锋买了许多生活用品，他的爱人老田把雷锋送上了火车。雷锋眼含热泪，想叫余新元和老田一声"爸爸""妈妈"，这是一个孤儿在新中国大家庭幸福的心声！但他这样一个发自真情的朴素要求，受到了余新元严肃的批评。在这个老红军眼里，共产党人无论为百姓做多少好事，都是应该的。这是雷锋参加解放军刻骨铭心的第一课。

1960年，新中国面临着成立以来最严重困难的考验。入伍才8个月的雷锋，以突出的表现引起了部队领导的注意。辽阳市委来信反映雷锋给灾区寄去100元。望花区人民公社

反映，雷锋给新成立的公社捐款200元。在这之前，火车站、学校、建筑公司都到部队寻找一个做好事不留名的战士，寻找的结果都是雷锋。当作家陈广生把《雷锋同志模范事迹材料》交给雷锋修改时，雷锋却把原题目划掉，饱含深情地写下了一句话，"解放后我有了家，我的母亲就是党"。团里领导看到这句话心头发热。雷锋知大恩感大德，要做"党的儿子""人民勤务员"，这就是雷锋的行为之源。

雷锋所在团组织写了以《党的好后生》为题的雷锋事迹报道，并将其寄到了沈阳军区《前进报》。没想到，一篇平常的稿件又破例报给了沈阳军区副政委兼政治部主任杜平。这个传奇的红军将领，曾是抗美援朝战争中首任志愿军政治部主任，是他组织了对黄继光、邱少云等英雄模范的宣传，影响和教育了一代又一代人。看到雷锋的事迹，杜平的第一感觉是"罕见"，他看完稿件，挥笔写下了《毛主席的好战士》标题，又做了一大段批示："解放后，全国人民在党和毛主席的领导下，彻底翻了身，正为建设美好幸福的新生活而忘我地劳动，可是有的人竟在短短的11年中忘了本，身在福中不知福。因此，雷锋同志这种精神显得十分重要，值得学习。"1960年11月26日，沈阳军区《前进报》在一版头条开头用两个整版篇幅套红，刊登了雷锋的事迹报道——《毛主席的好战士》。20岁的雷锋被沈阳军区工程兵党委授予"模范共青团员"称号。

1961年8月，21岁的雷锋当选为抚顺市人民代表。在照片上从来以微笑示人的雷锋，却在这张手持代表袋的照片中却没有笑容。他在照片的背后写下了这样一段话:"过去当牛马,今天做主人,人民有权利,选举自己人,衷心拥护党,革命永继承。"

1962年8月15日,年仅22岁的雷锋不幸因公殉职,抚顺军民陷入了巨大的悲痛之中。抚顺市委书记沈越把给自己老母亲准备的寿棺送给雷锋安葬,不足70万人的抚顺有10万人走上街头为雷锋送别,白花、哭声笼罩着抚顺,一个士兵的盛大葬礼史无前例!

雷锋牺牲后,沈阳军区政委赖传珠上将深感痛惜,要求把雷锋作为先进典型继续宣传。杜平中将针对"雷锋因公殉职还要不要宣传"的疑问,明确地说:"雷锋这个全心全意为人民服务的典型,具有强烈的时代精神,应该给予充分肯定,不能因为出了事故,就抹煞这个先进人物。"正是在这些开国将领的坚持下,沈阳军区把雷锋的故事和日记上报给了总政治部并呈毛泽东主席和周恩来总理。

今天,我们回顾多年前的这一幕,是不是仍感到动人心魄?要不要把雷锋继续当先进典型宣传,要不要上报毛主席?一念之差天地之别。我们可以肯定地说,即使领袖没有给雷锋题词,人们也仍然会怀念学习雷锋,但人类历史上绝不会有"雷锋现象",更没有在占世界人口四分之一的东方大国经久不衰的学雷锋活动。

"故大德必得其位,必得其禄,必得其名,必得其寿。故天之生物,必因其材而笃焉。故栽者培之,倾者覆之。"可见,毛主席号召学雷锋,对于20世纪60年代提升公民道

做雷锋传人

德素质，形成良好社会风尚，起到了巨大作用。党和政府是建设中华新文明的最大推手，领导干部责任重大！

哲学家冯友兰先生说，圣人并不需要为当圣人做什么特别的事情，他们不可能施行神迹，也不需要那么去做，圣人所做的事无非就是寻常人所做的事，但是他对所做的事有高度的理解。因此，"圣人"与"凡人"之间，并非有一道不可逾越的鸿沟，只要有信仰有追求有坚持，你就可以到达理想的彼岸，雷锋就是这样一个航渡者！

至此，新中国进入一个标志人类文明新形态的"雷锋时代"。雷锋普通而又高尚的实践，上升为具有典型意义的"雷锋事迹"，雷锋事迹升华为理性的以雷锋名字命名的"雷锋精神"。

毛主席对雷锋精神有"全心全意为人民服务的精神"的论述，周总理关于雷锋精神有"四句话"的概括（憎爱分明的阶级立场，言行一致的革命精神，公而忘私的共产主义风格，奋不顾身的无产阶级斗志），使雷锋精神深入人心。雷锋精神的广泛传播运用，逐渐形成"雷锋文化"。

雷锋精神和新中国建设时期涌现的大庆王铁人精神、焦裕禄精神、红旗渠精神、"两弹一星"精神等都是中国共产党的精神谱系里的宝贵财富，但雷锋精神又具有独特的价值：

它具有深厚的集成性。中华传统美德的沃土，孕育了雷锋精神，雷锋精神是包含中华民族传统美德和中国共产党诸多精神精华的集成。雷锋的"成人、成长、成才、成名、成文化"，好似一本中华民族的文明发展史，一本中国共产党的百年奋斗史。雷锋精神是一本形象生动的教科书。

它具有广泛的群众性。雷锋是中国老百姓公认度最高的道德榜样。一个向雷锋学习的群众性活动,能够在几十年历史进程中延续不断,影响一个时代的风气,正如世人所言"中华英雄千千万,离百姓最近的是雷锋"。

它具有延续性。习近平总书记指出:"雷锋精神,人人可学;奉献爱心,处处可为。"雷锋是谁,是你是我是他,只要你真学雷锋,就能成为"活雷锋"。"雷锋是平凡的,人人可以做到;雷锋是伟大的,只有努力才可以做到",学雷锋活动是一个动态的开放的发展过程。

它具有世界性。雷锋精神放射的是人性的光辉,反映了人类向上向善的共同追求,能够跨越国界、政党、民族,目前已传播到76个国家,将成为构建"人类命运共同体"的价值取向。

在庆祝中国共产党成立100周年大会上,习近平总书记指出,"我们坚持和发展中国特色社会主义,推动物质文明、政治文明、精神文明、社会文明、生态文明协调发展,创造了中国式现代化新道路,创造了人类文明新形态"。中国共产党领导人民创造的人类文明新形态,本质上是由中国特色社会主义物质文明、政治文明、精神文明、社会文明和生态文明组成的新型文明体系。60年来全国兴起的学雷锋活动,也是一幅中国特色社会主义文明新形态的多彩画卷。

做雷锋传人

## 雷锋如何获得"永恒"的生命力

如今,雷锋已经是 80 多岁的"老人"了,但他"鲜活的面容"依旧,年轻的脸上挂着那美丽的微笑,2020 年,湖南雷锋纪念馆门前景观上的几个字亲切感人——"雷锋 80 正青春"。如今,我们的党已经 100 多岁了,但风华正茂,"我党百岁正青春",带领人民向着中华民族伟大复兴目标奋力迈进!从毛主席号召"向雷锋同志学习",到习近平总书记宣示"雷锋精神要世世代代弘扬下去",这是跨越半个世纪的传承。在中国文明道德史上,对一个人的怀念和学习长达半个世纪之久,一首《学习雷锋好榜样》十多亿人会唱,这就是人类历史上少有的"中国雷锋文化现象"。

雷锋文化的一个突出表现是,雷锋创造了两项世界纪录:

一、他是获得党和国家领导人题词和赞语最多的士兵，其中习总书记论雷锋迄今已有20多次；

二、以雷锋为题材的出版物最多，达400多种。

"到了西方看教堂，里面装的是满满的信仰"，这是西方人的自吹自擂。但是，场馆的确是传播一个国家、一个民族文化的最好场所。雷锋精神传播广泛得益于全国有一个"雷锋展馆群"。不仅有3个国家级雷锋展览馆（辽宁抚顺雷锋纪念馆、湖南雷锋纪念馆、解放军雷锋纪念馆），而且有近百个地方和民办雷锋展览馆，参观人数达到了2亿多人次。

雷锋学校，又是中国教育的一道亮丽风景线。雷锋14岁时，成为学校成立中国少年先锋队组织后的第一批队员。佩戴红领巾的他，留下了出生后在新中国的第一张照片。

他的作文《我的家庭》，从一家人的悲惨遭遇写到对共产党的感恩，老师和同学被感动得掉泪。他在发言中说："我将来要当一个少先队辅导员，系上这样的红领巾，培养更多的少年们做红色接班人。"6年之后，身为解放军士兵的雷锋又戴上了红领巾，成为抚顺市两所学校的少先队辅导员，还被评为抚顺市优秀少先队辅导员，他牺牲后被追认为全国优秀少先队辅导员。雷锋的成长以及他辅导学生的事迹，证明用雷锋精神立德树人是学校德育教育的有效途径。雷锋牺牲后，他担任辅导员的两所学校和雷锋在家乡就读过的学校，先后被授予"雷锋学校"。

之后，北京、上海、天津等城市自发地开展创建雷锋学校活动。在纪念全国学雷锋50周年时，据不完全统计，各种

雷锋学校、雷锋班级已达200多所（个）。2018年3月，习近平总书记勉励抚顺雷锋小学的全体少先队人员：以雷锋为榜样，从身边做起，从小事做起，努力学知识，养成好的品德，长大报效祖国和人民。在习总书记新时代学雷锋一系列重要指示鼓舞下，一批有着雷锋情怀的老将军、老部长和老教育工作者，与雷锋杂志社、中国教师杂志社、雷锋生前所在部队等联合发起创建新时代雷锋学校的倡议，得到国家教育部的支持。

2020年至2022年，政协常委、提案委员会副主任戚建国连续提交三个关于创建新时代雷锋学校的提案，建议在全国革命老区推进雷锋精神进校园工程，力争在建党100周年时，再创建100所雷锋学校。到2049年新中国成立100周年时在全国近3000个县市区各创建一所雷锋学校，实现雷锋学校在中华人民共和国全域覆盖，每一个雷锋学校都成为雷锋精神的教育研习基地，都把"雷锋塑像立起来，雷锋歌声唱起来，争做新时代雷锋好少年活动"开展起来。

这些提案得到了教育部、中宣部的积极答复，在教育部官网上公开刊登，明确指出"争创雷锋学校活动是弘扬雷锋精神，引导青少年从小树立正确理想信念的重要举措""要推动雷锋学校创建活动取得积极进展成效""要营造良好舆论氛围，办好《雷锋》杂志"。要求指导各地抓好国防教育示范学校和雷锋学校。

争创新时代雷锋学校，利国利军利民利家庭，得到了各地宣传部门和教育部门的支持。今年八一建军节前夕，内蒙古呼和浩特市一次挂牌了6所雷锋学校，再加上乌海市已有的6所雷锋学校，一个在新时代持续推进学雷锋大业的新局面在内蒙古这片美丽的土地上出现。

我们年轻的新一代有幸生活在"两个一百年"的世纪交汇点上，回首峥嵘岁月，展望美好未来，从1921年到1949年，中国共产党带领中国人民用28年时间，推翻了压在老百姓头上的"三座大山"，建立了人民当家做主的新中国。到21世纪中叶，我们将实现中华民族的伟大复兴，使祖国更强大，人民更幸福，这个历史重担将压在年轻的新一代身上。

中华民族复兴伟大使命属于谁？"属于我、属于你、属于我们年轻的下一代！"从小心里就种下雷锋精神的种子，长大一定会成为堪当中华民族伟大复兴大任的建设者和保卫者！

"雷锋传人"是雷锋文化的组织基础和力量支撑。一个雷锋倒下去，千万个雷锋站起来。1963年以来，中央和军队表彰的学雷锋的先进典型有1500余人。近10年来，由中国文明网评选的中国好人有近万人。

近年来，中央宣传部每年都评出"50＋50"个学雷锋先进集体和个人，中央文明办每年表彰学雷锋志愿服务"四个一百"先进典型。"当代雷锋"郭明义、庄世华、孙茂芳，是新时代学雷锋的排头兵。当今，学雷锋志愿服务成为新时尚，注册志愿者已达到2.2亿人之多。今天的雷锋是谁？是你是我是他，永恒的"雷锋"在人民中，我们一起向未来。

做雷锋传人

## 新时代如何开展学雷锋活动

学雷锋要与践行社会主义核心价值观一起抓,使雷锋精神成为青少年的价值取向。习总书记学雷锋论述中"价值"一词出现次数最多。"深入挖掘雷锋精神的当代价值""成为全社会特别是青少年的价值取向",是习总书记始终关注的重点,也是新时代学雷锋的着力点。"雷锋精神是社会主义核心价值观的生动体现",要"使雷锋精神真正深入人心,以此推进社会主义核心价值观建设,着力提高人民群众思想道德素质"。

习总书记的这些论断,既是延续几代党的领导人对雷锋精神的充分肯定,更是对雷锋精神在建设社会主义现代化国家、实现中华民族伟大复兴的中国梦的新时代巨大引领激励作用的深刻阐释。任何一个社会都存在多种多样的价值观念和价值取向,要把全社会意志和力量凝聚起来,必须有一套与经济基础和政治制度相适应并能形成广泛社会共识的核心价值观。

否则,一个民族就没有赖以维系的精神纽带,一个国家就没有共同的思想道德基础。雷锋是社会主义核心价值观的模范践行者和传播者。雷锋之所以"成为中华民族的时代精神楷模",是因为他正确回答和解决了"人为什么活着、怎么做人"的人生命题。

60年来,正是在雷锋精神的感召和激励下,各条战线都涌现出一个个当代雷锋,他们都是社会主义核心价值观的生动教材。信仰与信念,是写在灵魂上的价值,是人生登高的脚步,并非不能做到,而在于不懈追求。把雷锋和英模人物的精神品德,化为全社会和青少年的价值取向,这就是新时代学雷锋的根本要求。

新时代学雷锋,要与新时代文明实践活动一起抓。学雷锋志愿服务由一项群众性的自发活动,演变为新时代文明实践中心建设的常态化和重要内容,上升为治国理政的战略布局。全国近3000个县、区一把手出任新时代文明实践中心主任和学雷锋志愿服务总队长,领导干部带头学雷锋的好作风又回来了!学雷锋成为中国社会治理的一条有效途径,成为凝聚民心、匡扶正义的明智之举。

新时代学雷锋,要与贯彻落实党中央、国务院颁发的《新时代公民道德建设实施纲要》紧密结合。雷锋精神正在成为"大众好人文化",进入人们生活。2019年10月,党中央、国务院审时度势,在《新时代公民道德建设实施纲要》中明确

做雷锋传人

提出:"广泛开展学雷锋和志愿服务活动,引导人们把学雷锋和志愿服务作为生活方式、生活习惯。推动志愿服务组织发展,完善激励褒奖制度,推进学雷锋志愿服务制度化、常态化,使'我为人人、人人为我'蔚然成风。"

生活方式和生活习惯体现了道德和信仰,与社会道德、职业道德、家庭道德、个人道德紧密相连。鼓励人们在日常生活中养成好品行,是公民道德的基本要求。提起雷锋,人们就仿佛看到了他的微笑,就会脱口而出一句话:"学雷锋做好事"。"做好事"三个字,成了和"学雷锋"三个字绝好的搭配,这是人民对雷锋这个道德榜样多么大的认可和赞美啊!

如果我们切实把学雷锋和志愿服务作为"生活方式和生活习惯",并逐渐进化为高尚的品质,对自己对家人对社会对国家,是多么大的一件好事啊,我们生活在这样的环境是多么美好啊。由人民出版社主管主办的《雷锋》杂志创刊第二天,美国《纽约时报》记者登门拜访,一到门口就被墙壁上一幅红色的标语所吸引:人类美好的向往——雷锋。后来,这幅标语刊登在《纽约时报》。一个有着美好生活方式和生活习惯的榜样雷锋,必定会影响全世界。

青少年学雷锋
QINGSHAONIAN XUE LEIFENG

# 第六章 唱雷锋之歌

LEIFENG

让我呼唤你呵／呼唤你响亮的名字／你／雷锋／我看着／你青春的面容／好像我再生的心脏／在胸中跳动／我写下了这两个字／雷锋／我是在写呵／我们阶级的／整个新一代的／姓名……

老人们坚信／你没有走／志愿者忙碌的队伍里／分明有你熟悉的身影／孩子们知道／你还活着／爱不释手的课本里／还能听到你爽朗的笑声／战友们盼望／你在绿色营盘里永驻／强国强军的征途上／你要与我们同行……

这些歌颂雷锋、礼赞雷锋精神的文艺作品给人以特别的温暖与巨大的力量。其实，雷锋也是一位功底扎实的文学青年，他写下的日记与诗文，澎湃着火热的青春，倾吐着大爱的情怀，历来为亿万人民特别是青少年喜爱和追捧。新时代学雷锋也要与时俱进，不断创新，要适应传播渠道、传播方式的新变化，适应广大受众尤其是青少年的新特点，运用文图声像等方法、诗词歌赋等形式，在全社会唱响雷锋之歌，弘扬雷锋精神，开展文明创建活动，践行社会主义核心价值观，使学雷锋活动不断彰显时代感，增强吸引力。

## 学习雷锋好榜样

学习雷锋好榜样
忠于革命忠于党
爱憎分明不忘本
立场坚定斗志强

学习雷锋好榜样
放到哪里哪里亮
愿做革命的螺丝钉
集体主义思想放光芒

学习雷锋好榜样
艰苦朴素永不忘
克己为人是模范
共产主义品德多高尚

学习雷锋好榜样
毛主席教导记心上
紧紧握住手中枪
努力学习天天向上

唱雷锋之歌

## 唱支山歌给党听

唱支山歌给党听

我把党来比母亲

母亲只生了我的身

党的光辉照我心

旧社会鞭子抽我身

母亲只会泪淋淋

共产党号召我闹革命

夺过鞭子揍敌人

共产党号召我闹革命

夺过鞭子，夺过鞭子揍敌人

唱支山歌给党听

我把党来比母亲

母亲只生了我的身

党的光辉照我心

党的光辉照我心

## 接过雷锋的枪

接过雷锋的枪
雷锋是我们的好榜样
接过雷锋的枪
千万个雷锋在成长
学习他,对人民无限忠诚
学习他,对敌人毫不留情
学习他,为祖国献出青春
为了共产主义终身革命
毫不利己,专门利人
做一个永不生锈的螺丝钉
勤勤恳恳,永远上进
为实现四化贡献青春

## 雷锋之歌(节选)

让我呼唤你呵
呼唤你响亮的名字,
你——
雷锋!
我看着
你青春的面容,
好像我再生的心脏
在胸中跳动……
我写下这两个字:
"雷、锋"——
我是在写呵
我们阶级的
整个新一代的
姓名;
我写下这两个字:
"雷、锋"——
我是在写呵
我的履历表中
家庭栏里:
我的弟兄。
你的年纪,

二十二岁——
是我年轻的弟弟呵,
你的生命
如此光辉——
却是我无比高大的
长兄!

我奔向你的面前!
带着
母亲给我的教训,
和我对你
手足的深情……
仿佛一刹那间
越过了
千山万岭……
呵!我像是
突然登上泰山,
站立在
日观峰顶……
我看见
海浪滔滔的

母亲怀中——
新一代的太阳
挥舞着云霞的红旗,
上升呵
上升!
……惊蛰的春雷啊,
浩荡的春风!
正在大地上鸣响;
正在天空中飞行!
一阵阵,
一声声——
"雷锋!……"
"雷锋!……"

"雷锋!……"
道路上的列车呵,
海港里的塔灯——
有多少个车轮
在传诵啊;
有多少条光线
在回应……
一阵阵,
一声声——
"雷锋!……"
"雷锋!……"
"雷锋!……"

## 永恒的人生

从你的话语里
聆听世界
从你的行动中
感悟人生
你用真情挚爱
掀起几代人心底的大潮
你用满腔热忱
点燃半个多世纪的感动

你是千里边防
坚实的哨塔
你是山沟海岛
欢腾的黎明
你是亿万民众
可亲的偶像
你是领袖笔下
大写的姓名

你总是
带来春的信息
给生活
以无限憧憬
你总是
伴着和煦的春雨
把厚厚的积雪消融

和你并肩战斗
天大的困难从容不迫
和你一起生活
满身上下沐浴着春风

老人们坚信
你没有走
志愿者忙碌的队伍里
分明有你熟悉的身影
孩子们知道
你还活着
爱不释手的课本里
还能听到你爽朗的笑声
战友们盼望
你在绿色营盘里永驻
强国强军的征途上

你要与我们同行

你是
民族精神宝库中
一束闪光的火焰
你是
人类道德讲坛上
一尊大吕黄钟

实现民族伟大复兴
这是最新最新的话题
全心全意服务人民
这是最多最多的叮咛

大事大非面前
方显坚如磐石的立场
大灾大考之中
更能磨炼民族的韧性

我们要像你那样
对待同志
拥有春天般的温暖

对待工作
拥有夏天般的热情

为最广大人民的利益
慷慨付出
才能实现初心使命
开辟全人类
美好和谐的明天
才能铸就永恒的人生

唱雷锋之歌

## 祖国需要你

当年
祖国需要你当农民
你熟练地驾驶拖拉机
耕耘着广袤的土地
那飘香的稻谷
洋溢着当家做主的欣喜

当年
祖国需要你当工人
你毅然奔向辽沈大地
那钢花飞溅的高炉
挥洒着你滚烫的汗滴

当年
祖国需要你当解放军
你急切地握起钢枪
在那火热的营盘里
演练着攻城夺地

粮食、武器、方向盘
这是你追求崇高的比喻
傻子、水滴、螺丝钉

立起你精神世界的大旗

烈火燃烧
你舍身托起生命的希望
洪水泛滥
你迅速变成巍峨的江堤
邪恶面前
你勇敢挺起正义的胸膛
病魔肆虐
你即刻化作英雄遍地

有了你
天地间就会春风拂面
有了你
生活中总是桃红柳绿

雷锋啊
雷锋
当年需要你
今天需要你
祖国和人民
永远需要你

## 续写新时代雷锋故事

伟大的时代
孕育伟大的故事
雷锋精神
我们今天倾情叙说

定格在 22 岁
雷锋叔叔
与几代中国人同在
更有追随者的身影
岁月不老
雷锋永远年轻

因为啊
雷锋从来不曾离开——
在"战役"吃紧的关头
那些数不清的逆行冲锋
都是雷锋精神的
新时代书写

这些新的场景
依然可以被

壮美的诗句烘托
看,雷锋传人
我们跟上去
十个雷锋
百个雷锋
千个雷锋
千条山脉呵
万道长城
……

故事里的雷锋
总是忙碌在
平凡的旅途
普通的车厢
出差一千里
好事做了一火车
这故事
被高铁上发口罩的
年轻志愿者们续写
只要在路上
每一个你我

唱雷锋之歌

都会有行动

故事里的雷锋

永远要做

人民的服务员

永远还是那声

我叫解放军

住在新中国

这故事

被社区里

穿梭忙碌的义工续写

隔窗相望

你是不见面的守护人

故事里的雷锋非常执着

干一行专一行爱一行

工作需要"善挤"和"肯钻"

这故事

被街头闪送的

快递小哥续写

重新定义职业

打通服务最后一百米

故事里的雷锋

躬身践行

要做一颗螺丝钉

这是可贵的

精神图腾

这故事

被车间里提前走上

生产线的工人续写

埋头苦干

凝聚守望相助的力量

故事里的雷锋

始终遵循

艰苦奋斗、勤俭节约的精神

是人们心中可敬的"傻子"

这故事

被忙得没时间喝水

睡姿让人心疼的

医护人员续写

医者仁心

无一不是脚下有泥

心中有光

故事里的雷锋

赤胆忠诚

不做岸边垂柳

要做岩石上的青松

这故事

被军营的战士续写

我要上前线

我要打冲锋

强军之路

当打造精兵

热血青春

立志做国家英雄

# 附录　雷锋年谱

## 1940 年 12 月 18 日

　　雷锋，原名雷正兴，出生在湖南省望城县简家塘一户贫苦农民家里。这一年是农历庚辰年，父母给他取乳名叫"庚伢子"。

## 1947 年秋

　　父亲雷明亮、母亲张元满、哥哥雷正德相继悲惨离世，年仅 7 岁的雷锋成了孤儿。

## 1949 年 8 月

　　雷锋家乡解放。安庆乡人民政府成立。雷锋担任儿童团大队长。

## 1950 年初

　　土地改革开始。雷锋分得 3.6 亩耕地，还有一些生活用品。

## 1950 年夏

　　到刘家祠堂小学读书。

## 1954 年夏

　　考入清水塘完全小学，加入少先队，被选为中队委员。

## 1955 年春

　　转入荷叶坝完全小学。这年春天，在农业合作化高潮中，雷锋把土改中分得的土地全部入了社。

## 1956年7月15日
从荷叶坝完全小学毕业。

## 1956年7月至9月
在生产队当了三个月秋征助理员，搞征收公粮工作。

## 1956年9月
在望城县安庆乡政府当通信员。

## 1956年11月17日
到望城县委工作。

## 1957年2月8日
光荣加入中国新民主主义青年团，同时被评为望城县委机关工作模范。

## 1957年9月
担任望城县治沩工程指挥部通信员。被评为治沩模范。

## 1958年春
响应望城县团委提出的捐款购买一台拖拉机的号召，捐款20元，成为全县青少年中捐款最多的个人。县团委决定派雷锋学开拖拉机。

## 1958年3月16日
在《望城报》发表文章《我学会开拖拉机了》。

附录

## 1958年秋

到韶山瞻仰毛主席故居。

## 1958年10月

由原名雷正兴改为雷锋。

## 1958年11月

到鞍山钢铁厂参加社会主义建设,被分配在鞍钢化工总厂洗煤车间当推土机手。不久,出席鞍山市青年社会主义建设积极分子代表大会。

## 1959年8月20日

报名到鞍钢弓长岭矿山参加新建焦化厂工作。

## 1959年12月9日

弓长岭《矿报》发表雷锋《我决心应召》的申请书,表达了积极要求参军的坚定决心。

## 1958年10月至1960年1月

在鞍钢一年零两个月时间里,3次被评为先进模范,5次被评为红旗手,18次被评为标兵,荣获"青年社会主义建设积极分子"称号。

## 1960年1月2日

新兵换装集中待发,雷锋因无政审表,没被批准入伍,辽阳市兵役局余新元政委送雷锋到新兵大队当通信员。

## 1960年1月7日

当晚，接兵参谋戴明章通过长途电话向工兵团团长吴海山请示：雷锋是个优秀青年，能否先带到部队。经同意，在登车出发前8小时，雷锋穿上新军装。

## 1960年1月8日

入伍第一天，雷锋作为新兵代表在欢迎新战友大会上发言。

## 1960年3月

新兵连训练结束，雷锋被分配到运输连当驾驶员，下连不久，又被抽调参加团里战士业余演出队。

## 1960年4月

成为新兵中一名合格的汽车驾驶员，第一个下到战斗班。

## 1960年8月

参加上寺水库抢险救灾，带病连续奋战七天七夜，表现突出。团党委为雷锋记二等功。

## 1960年8月

把平时节约下来的200元钱分别支援抚顺市望花区人民公社和辽阳水灾灾区，受到部队表彰。团党委决定树立雷锋为"节约标兵"。

## 1960年11月8日

运输连党支部大会通过雷锋入党申请。

## 1960年11月9日

工兵团党委在党委书记、政委韩万金主持下,在沈阳军区招待所临时召开党委扩大会议,批准雷锋为中国共产党党员。

## 1960年11月23日

沈阳军区工程兵党委做出授予雷锋"模范共青团员"称号决定。

## 1960年11月27日

荣立二等功一次。此后,又荣立过三等功一次,受团、营嘉奖多次。

## 1960年12月1日

雷锋日记在《前进报》首次发表。

## 1960年12月

在《前进报》发表署名文章《解放后我有了家,我的母亲就是党》。

## 1961年2月3日

应邀到海城驻军做忆苦思甜报告,与全国战斗英雄郅顺义亲切交谈。

## 1961年5月

作为全团候选人,被选为辽宁省抚顺市第四届人民代表大会代表。

## 1961年5月14日

被提拔为运输连四班副班长。

## 1961年7月27日

接到抚顺市人民委员会通知书。7月31日至8月3日，出席抚顺市第四届人民代表大会第一次会议。

## 1961年8月

被提拔为运输连四班班长。

## 1962年1月27日

被批准晋升为中士军衔。

## 1962年春节

在《前进报》发表《六二年春节写给青年同志们的一封信》。在此前后，雷锋又在《前进报》发表了《在毛主席的哺育下成长》《我是怎样从一个苦孩子成长为毛主席的好战士的》《做毛主席的好战士》等署名文章。

## 1962年2月14日

被选为党代会代表，出席中国共产党工程兵十团代表大会。

## 1962年2月19日

以特邀代表身份，出席沈阳军区首届中国共产主义青年团代表会议，并被选为主席团成员，在大会上发言。

## 1962年5月

被共青团抚顺市委评为抚顺市优秀校外辅导员。

附录

## 1962 年 8 月 15 日

上午 10 时，在指挥倒车时，被汽车碰倒的一根晒衣服的木杆打在头部，负重伤。经医院抢救无效，于 12 时 5 分不幸逝世，年仅 22 岁。

## 1963 年 1 月 7 日

中国国防部命名雷锋生前所在班为"雷锋班"。

## 1963 年 3 月 5 日

毛泽东主席亲笔题词，向全国人民发出伟大号召："向雷锋同志学习"，全国学雷锋活动持续兴起。

## 2019 年 9 月 25 日

雷锋被评为"最美奋斗者"。

## 2021 年 9 月 29 日

党中央批准了中宣部梳理的第一批中国共产党人精神谱系的伟大精神，"雷锋精神"被纳入其中。

# 后记 HOUJI

《青少年学雷锋》在策划编撰过程中得到各级领导、专家学者、部队官兵、学校师生的大力支持和热诚帮助。中共山东省委宣传部、中共济南市委宣传部、北部战区陆军政治工作部给予有力指导。湖南雷锋纪念馆、抚顺雷锋纪念馆、长沙警备区、雷锋生前部队陆军某旅、人民出版社主管《雷锋》杂志社和山东省关心下一代工作委员会、山东省妇女儿童活动中心、济南市金谷园雷锋文化广场、雷锋战友刘成德事迹展馆等单位提出宝贵意见，提供文图资料。本书还录入著名诗人贺敬之《雷锋之歌》（节选），《雷锋》杂志总编辑陶克《百年初心与时代楷模》《人民军队雷锋多》，优秀语文教师、作家陈玉珍《雷锋精神进校园》等诗文作品。本书由张振江担任主编，冯紫英、孙树志、张群江、杜海涛、吕洪伟参加研究策划，刘静绘图，张宁、仇安、张修岩、李国良、秦冲参加编撰。本书注重吸纳雷锋精神研究方面的新成果，整合融合相关文图资料。在此，对所有支持雷锋精神传播和关心本书编撰的各界人士，表示衷心感谢！

本书编写组<br/>
2023 年 2 月

图书在版编目（CIP）数据

青少年学雷锋 / 张振江编著． -- 济南：济南出版社，2023.2（2024.2重印）

ISBN 978-7-5488-5516-3

Ⅰ.①青… Ⅱ.①张… Ⅲ.①学习雷锋—青少年读物 Ⅳ.① D648-49

中国版本图书馆 CIP 数据核字（2023）第 012275 号

QINGSHAONIAN XUE LEIFENG

| 出 版 人 | 谢金岭 |
|---|---|
| 图书策划 | 李　岩 |
| 责任编辑 | 姚晓亮　姜　山 |
| 装帧设计 | 张　金 |
| 出版发行 | 济南出版社 |
| 地　　址 | 济南市市中区二环南路1号（250002） |
| 编辑热线 | 0531-87906698 |
| 印　　刷 | 济南新先锋彩印有限公司 |
| 版　　次 | 2023年2月第1版 |
| 印　　次 | 2024年2月第6次印刷 |
| 成品尺寸 | 165mm×230mm　16开 |
| 印　　张 | 10.25 |
| 字　　数 | 100千 |
| 印　　数 | 27001-30000册 |
| 定　　价 | 39.80元 |

（版权所有　侵权必究）